Mooji

Bevor Ich Bin

Die direkte Erkenntnis der Wahrheit

piboox spirituell

π-booxspirituell

π-booxspirituell

Paulsen Buchimport d.i.v.a. & PiBoox Verlag
Friedrichstraße 13
79585 Steinen-Höllstein, Deutschland

deutsche Übersetzung der Originalausgabe
"-Before I Am- Second Edition"

erschienen bei Mooji Media

Zeichnungen und Handschriften: Mooji
Umschlaggestaltung: Sivaganga und Federico Paulsen

Verbesserte Taschenbuchauflage 2016

ISBN 10: 3944027205
ISBN 13: 9783944027203

(EAN der Hardcover-Originalausgabe: 9783944027135)

Herausgeber:
Hajo Paulsen & Cinzia Goi

Originalausgabe herausgegeben von:
Zenji, Turiya, Parvati, Mooji, Samadhi,Prema, Gayatri, Rose

Fotos: Copyright © 2012 Padam Sangha Ltd.
Übersetzung: Elisabeth Birkholz, Hajo Paulsen, Verena Moser und Zenji
Lektorat: Hajo Paulsen, Verena Moser und Zenji
Bildbearbeitung: Cinzia Goi
Satz & Gestaltung: Hajo Paulsen / medienpont schneider, J. Schneider
Schriften: Century Gothic, Bradley Hand ITC, Handschriften Mooji

Printed in EU (LV)

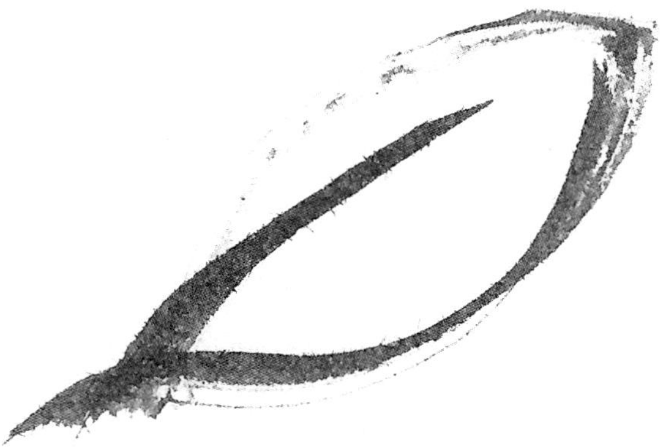

„Gott erleuchtet
den Verstand
und scheint in ihm.

Man kann Gott aber nicht
mit dem Verstand erkennen.

Man kann nur den Verstand
nach innen wenden
und in Gott aufgehen lassen.“

Bhagavan Sri Ramana Maharshi

Der Weise vom Aruanachala
Guru von Sri Poonja

Sri Harilal Poonja
Geliebter „Papaji“

Ich werfe mich
meinem Meister zu Füßen,
der Verkörperung
von Gnade, Weisheit und Liebe;
dem Licht, dessen Gegenwart
alle Zweifel und Illusionen vertreibt
und so den Verstand
in seinen ursprünglichen Zustand versetzt
– ungeborenes Gewahrsein.

Mooji

„Wenn du wirklich lieben möchtest,
liebe das Höchste Selbst
in diesem Moment,
liebe die höchste Wahrheit.
Diese Liebe ist Freiheit.“

Papaji

Sucher sagen
immer wieder:
„du brauchst
einen lebenden
Meister."
Aber in
Wirklichkeit
ist der Meister
der einzig
Lebende.

Vorwort

Bevor Ich Bin ist eine Auswahl von Dialogen zwischen Mooji, einem warmherzigen spirituellen Meister der Advaita-Tradition, und Menschen, die nach Frieden, Wahrheit und Freiheit suchen. Mooji antwortet den Fragenden zuweilen humorvoll, zuweilen zärtlich, gelegentlich scharf und immer liebevoll, wenn sie über Angst, Leiden, Verwirrung, über Beziehungen, spirituelle Praxis und darüber sprechen, wie man sein Leben in Frieden führen kann.

Moojis Worte stellen beharrliche Einladungen dar, die Natur des SELBST zu erforschen und mühelos als die Fülle und Leere des Seins an sich zu verweilen. Seine Antworten ermutigen, fordern heraus und sind immer erleuchtend.

Tief beeindruckt von Mooji wollten die Menschen seine Worte natürlich mit nach Hause nehmen. Und so hat die Sangha in kürzester Zeit von Live-Aufnahmen liebevoll das erste Buch mit Moojis Gesprächen zusammengestellt.

Verglichen mit der Anwesenheit im Satsang mit Mooji ist ein gedruckter Text eher eindimensional, weil Tonfall und Körpersprache verloren gehen. Angesichts dessen haben wir unser Bestes gegeben, um die Kraft und die Klarheit der Worte, wie sie vom Meister ursprünglich geäußert wurden, zu bewahren, ohne die Essenz zu beeinträchtigen oder Moojis Ausdrucksweise zu verlieren. Auch bei der Übersetzung wurde dies beachtet.

Als wir uns daran machten, eine neue englische Ausgabe herauszubringen, fanden wir, dass viele der ursprünglichen Dialoge von einer Überarbeitung profitieren würden. Beim Überarbeiten einiger Kapitel wurde es nötig, die ursprünglichen Niederschriften zu sichten. Dabei kam weiteres Material aus demselben Zeitraum zum Vorschein.

Die zweite Auflage, auf der Bevor Ich Bin beruht, ist noch durch die neuesten Dialoge und spontanen Gespräche mit Mooji bereichert worden. Einbezogen wurde auch eine Auswahl von neuen Zitaten für eine zusätzliche Vertiefung und die Gelegenheit zu weiterer Betrachtung. Die Zitate machen das Buch gemeinsam mit einigen von Moojis spontanen Pinselzeichnungen zu einer Kostbarkeit.

Schon immer hatte sich das Buch großer Beliebtheit erfreut und so freuen wir uns, dass die überarbeitete und erweiterte zweite englische Ausgabe nun auch in deutscher Sprache erscheint.

Bevor Ich Bin wirkt wie ein schonungsloses Schwert, das den Verstand erschlägt und dich vollkommen nackt als dein Selbst zurücklässt.

Die Herausgeber

Ein Nachtrag zur unterschiedlichen Schreibweise einiger Begriffe:

Du bist vielleicht gewohnt, dass Begriffe, die sich auf die höchste Wahrheit jenseits des erfahrbaren und physischen Bereiches beziehen, großgeschrieben werden. Obwohl wir davon auch Gebrauch machen, haben wir im Buch die normale Schreibweise bevorzugt. Das haben wir speziell bei solchen Passagen gemacht, die zur innerlichen Betrachtung einladen. Wir finden, dass Großgeschriebene oder Grossgeschriebene Wörter leicht die Tendenz unterstützen, mehr dem verstandesmäßigen Verstehen zu folgen, als die Innenschau, die Mooji empfiehlt, anzuwenden. Auf Grund dieser Überlegungen haben wir eine derartige Hervorhebung sparsam und meist nur dann verwendet, wenn Mooji die zeitlose Wahrheit besonders betont. Wenn du aus deiner Sichtweise Inkonsequenz dahingehend feststellen solltest, lasse dich nicht beirren, denn eine solche Abgrenzung ist beim Sprechen erst gar nicht möglich, und trotzdem kannst du denselben Gewinn aus Moojis Mitteilungen ziehen.

Inhaltsverzeichnis

Das ist kein Buch,
das versucht, deinem Verstand
zu gefallen.
Es ist ein Buch,
das deinen Verstand
entthronen
und dein Herz
freisetzen soll.

— Mooji

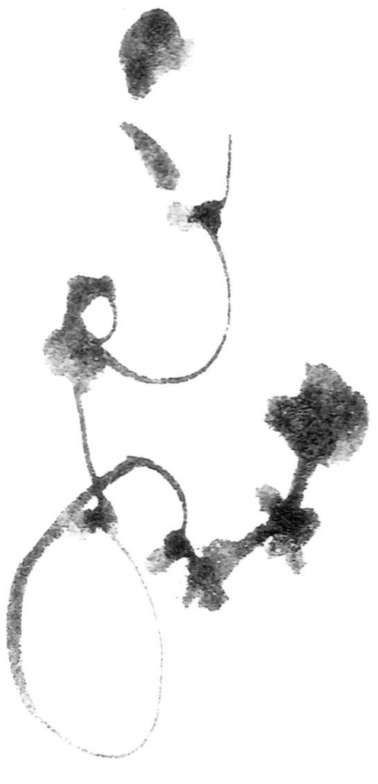

Der zweite Dorn – eine Einführung

Ein indisches Sprichwort besagt: „Wenn du einen Dorn in deinem Fuß hast, kannst du einen zweiten Dorn verwenden, um den ersten zu entfernen. Und dann wirfst du beide Dornen weg."

Bevor Ich Bin wirkt wie ein zweiter Dorn. Seine Absicht ist, die Dornen der Konditionierungen und Gewohnheiten zu entfernen, die man sich im Dickicht des Lebens zugezogen hat und die scheinbar das, was ein Tanz voller Freude sein könnte, behindern und schmerzvoll werden lassen. Diese Sammlung von Dialogen soll auf die essentielle Wahrheit hinweisen, wer und was wir sind: das unwandelbare und makellose Gewahrsein, in welchem das Spiel der manifesten Welt erscheint. Moojis Konzepte dienen der Neutralisierung unserer Konzepte, von denen wir so sehr unsere persönliche Identität ableiten. Der Anleitung des Meisters gemäß, keine Tätowierungen aus seinen Äußerungen zu machen, können die Worte dieser Seiten dein Sein wieder verlassen, sobald ihre Arbeit getan ist. Ihr Ziel ist es nicht, dass wir sozusagen ein Bündel von heiligen Konzepten übernehmen, sondern es geht vielmehr darum, das, worauf uns Mooji hinweist, wirklich zu verinnerlichen; wenn wir das tun, ist es mit uns am Ende, wir sind dahin zurückgekehrt, wo wir immer schon gewesen sind.

Lies diese Seiten systematisch, sporadisch oder spontan, wie es gerade zu deiner Stimmung passt. Jede beliebige Seite dürfte zu dir sprechen, weil die Wahrheit keiner Methode bedarf, nicht kategorisiert werden kann und nicht chronologisch ist. Wo auch immer du dieses Buch aufschlägst und diesen Worten begegnest, begegnen diese Worte auch dir.

Jeder Augenblick ist ein Augenblick, um sich in das Feuer der Selbst-Entdeckung zu begeben. Dieses Feuer wird dich nicht verbrennen, es wird nur verbrennen, was du nicht bist.

Wenn du von der Gnade berührt wirst – gib dich ihr hin. Habe keinen Zweifel daran, die Gnade ist bereits jetzt am Werk, indem sie dir dieses Buch in die Hände legt. Versuche nicht, das Mysterium zu verstehen oder zu lösen. Sei dagegen bereit, dich selbst in dieses Mysterium hinein aufzulösen.

Mittels dieser Worte wirst du dir selbst vorgestellt, als das Ich ohne ich – das Selbst erkennt das Selbst durch den Spiegel der Selbst-Erkenntnis.

Die Welt zu ändern,
ist nicht deine Aufgabe.

Dich selbst zu ändern,
ist nicht deine Pflicht.

Zu deiner wahren Natur zu erwachen,
ist deine Gelegenheit.

Eine erste Begegnung mit Mooji

Zum ersten Mal traf ich Mooji im Februar 1999 auf dem Markt von Brixton in London. Zu dieser Zeit verkaufte er Räucherstäbchen auf dem Markt, und ich arbeitete bei der französischen Botschaft. Kurz danach trafen wir uns in seiner kleinen Wohnung zum Tee und hatten unser erstes Gespräch. Wir redeten die ganze Nacht. Die Zeit verflog! Ich war erstaunt. Als sich das Gespräch vertiefte, konnte ich nicht glauben, was ich hörte und was ich da vor mir hatte. Ich hatte so jemanden wie Sokrates oder wie einen indischen Weisen alter Zeiten hinter einer freundlichen und bescheidenen Gestalt verborgen entdeckt. Die tiefste Weisheit entströmte seinen Lippen, als ich erwartungsvoll all die Fragen stellte, die in mir seit Jahren gebrannt hatten, und ich fand schließlich lebendige, direkte und verblüffende Antworten auf sie. Das waren keine bloßen intellektuellen Antworten, sondern es war eher ein direktes, entschiedenes Hinweisen auf etwas, das ganz und gar das Reich des Verstandes überschreitet. Seit Jahren hatte ich philosophische und spirituelle Bücher gelesen, jetzt aber war ich mit der lebenden Verkörperung der Wahrheit, über die ich gelesen hatte, direkt konfrontiert. Auf Anhieb machte mir Mooji meine eigene tiefgründige Natur klar: dieses Gewahrsein, diese Leere, die durch nichts verbessert oder beeinträchtigt werden kann.

Seitdem hatte ich viele Gelegenheiten, seine Weisheit in Aktion zu erleben, wundervoll angepasst an den Verstand derjenigen, die zu ihm kommen, eine Weisheit, die sanft der ununterbrochenen Quelle lebendiger Erfahrung entspringt.

Sie entspringt der Liebe und wird als Liebe wahrgenommen – gewaltig, unverfälscht und rein.

Nataraaj (Noé J. Peyre)

Halte einen Augenblick lang
nichts fest,
von dem, was ich sage.
Mache keine Tätowierungen
aus irgendwelchen Äußerungen.
Bleibe einfach
offen, ruhig und gegenwärtig,
und das sich entfaltende
Wirken der Gnade
wird erkannt und gefunden,
innen wie außen,
als Harmonie und Liebe –
sich selbst dienend.

Selbst-Erforschung
bringt den Geist
zu seinem Ursprung
zurück,
zu der unverhüllten
Gegenwart –
„Ich Bin".

Die Wahrnehmung
dieses „Ich Bin"
geschieht
im Absoluten.

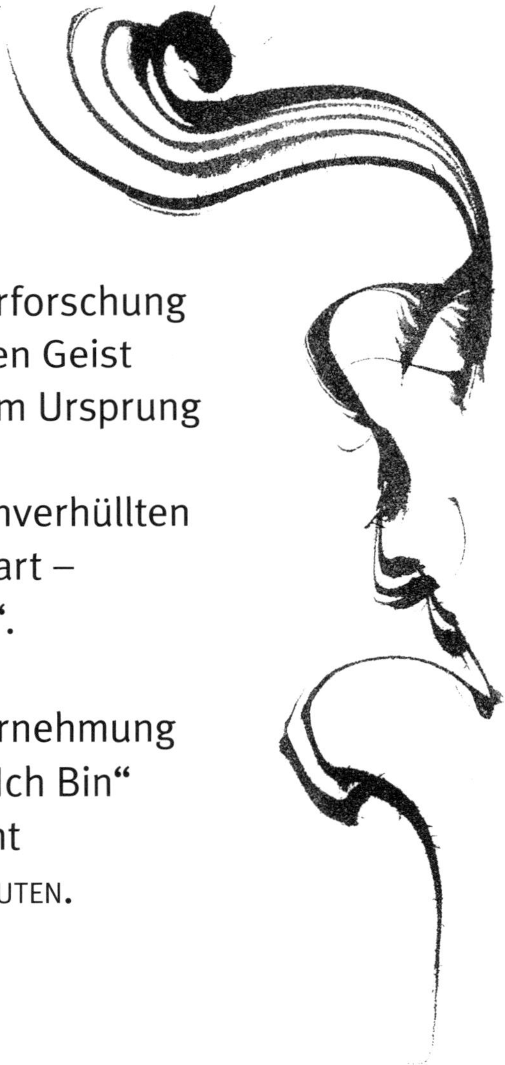

Erkennen des Selbst

Mooji, könntest du Selbst-Erforschung erklären? Wie fange ich denn an?

Beginne folgendermaßen: Ich bin, ich existiere – das ist die natürlichste Erkenntnis und Einsicht. Die Empfindung zu existieren wird in dir spontan als „Ich bin" erlebt. Niemand hat dich das gelehrt. Sei dir dieser einfachen Intuition bewusst, ohne sie mit anderen Gedanken zu verknüpfen. Fühle, wie es ist, in diesem Augenblick einfach nur präsent zu sein, ohne an einer Absicht festzuhalten. Rühre den Gedanken nicht an, dass du etwas Besonderes tust. Bleibe innerlich ruhig. Gerate nicht in Panik, sollte plötzlich ein Schwall von Gedanken auftauchen. Es ist nicht nötig, sie zu kontrollieren oder zu unterdrücken. Lasse sie einfach spielen, ohne dich in sie zu verwickeln. Beobachte – mit Abstand. Bleibe ohne Absicht. Bleibe ruhig.

Stelle dir vor, du stehst auf einem Bahnsteig im Bahnhof. Ein Zug nach dem anderen kommt, die Züge halten, Türen öffnen sich, Türen schließen sich, die Züge fahren wieder ab. Du musst nicht einsteigen. Genauso beobachte einfach nur die Aktivität der Gedanken, die sich auf der Leinwand des Bewusstseins abspielen, ohne dich mit ihnen zu verbinden. Logg dich nicht ein. Du wirst sehen, dass Gedanken und Empfindungen von sich aus ablaufen, ohne dass sie forciert werden. Bleibe neutral. Sei eins mit Gewahrsein als Gewahrsein. Fühle, wie sich der Atem mühelos bewegt, ohne Willenskraft oder Anstrengung. Beobachte die Sinne, wie sie tätig sind, die Empfindung von Innen und Außen, jede Bewegung, wie sie aus sich heraus geschieht, nicht geplant und nicht erzwungen.

Was immer als Gedanke, als Gefühl, als Bewegung oder Empfindung auftaucht, wird ganz ruhig beobachtet, nur gibt es jetzt weniger Interesse und Anziehungskraft. Alles entsteht, dein Selbst ist jedoch weder entstanden noch davon berührt. All dies wird ruhig beobachtet. Sogar die Wahrnehmung des Selbst, das Gefühl

„Ich bin", erscheint innerhalb des Gewahrseins. Strenge dich nicht mehr als erforderlich an. Du bist hier. Das, was weder handelt, noch nicht handelt, weder Aktivität steuert, noch von einer Aktivität berührt wird, welches anstrengungslos gewahr und doch unbeteiligt ist, dieses ist dein wahres Selbst. Nicht hinter oder vor, nicht über oder unter etwas – denn das Selbst ist nicht ein weiteres Phänomen. Es ist das nicht lokalisierte, ungeborene, grenzenlose Gewahrsein-Selbst.

Jetzt beobachte den Beobachter: „Wer bin ich?" Untersuche dies im Inneren genau, bleibe aber mit wacher Aufmerksamkeit ruhig. Greife keine Antworten oder Anhaltspunkte auf. Eine Antwort würde und könnte nur eine Meinung, eine Idee oder ein weiteres Konzept sein. Binde dich nicht an irgendein Konzept. Ziehe deine Aufmerksamkeit von den Objekten ab und lenke sie auf das betrachtende Subjekt. Was und wo ist der Seher? Bleibe still und neutral. Das Betrachten sollte jetzt mit verstärkter Konzentration geschehen. Jetzt beobachte von neuem das Empfinden „Ich bin". Was ist „Ich"? Von wo taucht es auf? Beobachte. Was findest du?

Es kann nicht gefunden werden. Es existiert nicht.

Es kann tatsächlich nicht als Objekt gefunden werden. Trotzdem bleibt die Ich-Erfahrung oder „Intuition" gegenwärtig. Es ist das Nicht-Finden des „Ich" als Phänomen, was seine nicht-objektive Existenz beweist.

Es stellt sich heraus, dass das „Ich" oder „Ich bin" formlos ist, eine Intuition ist, die aus der Leere, in der Leere und als Leere auftaucht.

Ohne Konzentration auf die Selbst-Erforschung scheint das „Ich" eine Wesenheit zu sein, die aus Körper und konditioniertem Verstand besteht. Wenn es als eine Form gesucht wird, wird es lediglich als Gedanke gefunden; die Form des „Ich" ist nur gedacht. Ohne Form taucht es aus der Leere als das intuitive Empfinden subjektiver Gegenwart auf.

Jetzt, wo sich dieses „Ich" als formlose Gegenwart herausgestellt hat, was erkennt das? Besitzt es eine Form?

Forsche auf diese Weise weiter.

Danke, Mooji.

Sehr gern geschehen.

Mooji, ich kann mich nicht auf die Selbst-Erforschung konzentrieren. Ich bin leicht abgelenkt.

Ja, du würdest dich eher zum Mond begeben als dich selbst zu erforschen!

Mein Problem ist...

Dein Problem ist nicht das Problem. Wir lieben unsere Probleme und wir können es nicht ertragen, ohne sie zu sein. Sie sind unsere unehelichen Kinder, die so viel Aufmerksamkeit verlangen, und wir geben sie ihnen bereitwillig. Vielleicht langweilen wir uns ohne sie. Wer bist du ohne deine Probleme?

Der Verstand verursacht all diese Aufregung. Du bist weder der Verstand, noch seine Aktivitäten.

Wie kann ich den Verstand anhalten?

Halte den Verstand nicht an, lass ihn sein. Ignoriere ihn einfach und verbleibe als das Selbst.

Er erlaubt es mir nicht.

Höre zu: Ein Mann nimmt Fahrstunden und kann sich jetzt auf die Hauptstraße wagen. Eines Morgens fährt er mit seinem Fahrlehrer auf der Autobahn. Es beginnt zu regnen.

Der Fahrlehrer weist den Mann an, die Scheibenwischer anzustellen. Aber sobald die Scheibenwischer anfangen sich zu bewegen, lenken sie die Aufmerksamkeit des Fahrers ab, und der Wagen schlingert jetzt auf der Straße von der einen Seite zur anderen. Andere Fahrer fangen an zu hupen, weil sie glauben, der Fahrer sei betrunken!

„Können wir die Wischer ausschalten, sie lenken mich ab“, fragt der Fahrschüler.

„Richte deine Augen lediglich auf die Straße, dann werden dich die Wischer nicht verwirren“, rät der Fahrlehrer.

„Ich denke, ich sollte wenigstens auf die langsame Fahrspur überwechseln“, erwidert der Fahrer.

„Nein“, sagt der Fahrlehrer bestimmt, „konzentriere dich nur auf die Fahrbahn.“

„Ich kann das nicht!“, sagt der Fahrer frustriert, „Meine Augen folgen den Scheibenwischern ohne meinen Willen. Können wir die Wischer abstellen?“

„Nein, du musst lernen zu fahren, wenn sie in Betrieb sind“, betont der Fahrlehrer, „konzentriere dich nur auf die Fahrbahn.“

„Aber das ist zu gefährlich! Ich kann den Wagen nicht gerade halten“, ruft der Fahrer aus.

„Nein, konzentriere dich nur auf die Fahrbahn. Achte nicht auf die Wischer!“

„Aber das ist viel zu gefährlich! Ich werde einen Unfall verursachen!“, schreit der Mann.

Andere Fahrer beschimpfen nun den Mann und pöbeln ihn an. „Verschwinde von der Straße, du Trunkenbold!“

Der Regen wird nun sintflutartig, und der Fahrlehrer stellt die Wischer auf höchste Geschwindigkeit ein.

„Konzentriere dich einfach nur auf die Straße. Entspanne dich."

Der Fahrer vertraut der ruhigen Stimme des Fahrlehrers, obwohl er sehr ängstlich ist. Allmählich hält der Wagen die Spur, weil der Fahrer irgendwie imstande ist, die Aufmerksamkeit auf der Straße zu halten, obwohl die Wischer mit höchster Geschwindigkeit sausen. Der Fahrer entspannt sich. Jetzt gibt es durch die Bewegungen der Scheibenwischer keine Ablenkung mehr.

So ist es auch mit dir hier. „Konzentriere dich auf die Straße" bedeutet, der neutrale Beobachter zu bleiben, anstatt deine Gedanken auf die dich umgebenden Bedingungen oder scheinbaren Probleme zu konzentrieren. Bleibe der Beobachter. Folge nicht dem Fluss des Verstandes. Du bist nicht dieser Verstandesfluss. Halte die Aufmerksamkeit innerhalb des Gewahrseins.

Welch schönes Beispiel!

Der Fahrer lernt die Konzentration nicht, indem er sich eine Technik aneignet, Mantren singt oder Yoga und Meditation praktiziert.

Er vertraut einfach dem Rat seines Lehrers und wendet ihn an, die Konzentration ist dann einfach die Folge. Zunächst sind Vertrauen, Bemühung und Gnade erforderlich, damit die Aufmerksamkeit mit dem Selbst verschmolzen bleiben kann.

Fahre jetzt fort, indem du dasselbe tust.

Ganz gleich, welche Richtung
du einschlägst, die Kompassnadel
zeigt immer nach Norden.

So sollte es auch bei dir sein.

Was auch immer du tust
oder wohin du auch gehst,
lass deinen Verstand
in deinem Herzen verweilen.

Meine Piranha-Frage

Wer oder was bin ich wirklich?

Berühre das „Ich“ nicht und du wirst es wissen.

<Stille>

Und jetzt?

Da ist Aufregung und der Versuch, dahinter zu gelangen.

Was versucht, dahinter zu gelangen? Lasse die Idee fallen, dahinter zu gelangen. Bleibe stehen, wo du bist. Sei neutral. Also Aufregung ist zu spüren. Was ist aufgeregt oder beunruhigt?

Mein Verstand.

Was beobachtet den aufgeregten Verstand? Ist „das“ aufgeregt?

Nein.

Das, in dem der Verstand und seine Inhalte gesehen werden, kann das selbst gesehen werden? Ist es beschreibbar, berührbar oder kann es erfasst werden?

Nein. Es hat keine Qualität.

Und du, der dies weiß, wo bist du darin? Was bist du?

Ich bin nicht getrennt. Ich kann nicht sagen oder beschreiben, was ich finde. Wenn ich versuche, darüber zu sprechen, bringen mich die Worte wieder zurück in den Verstand.

In Wirklichkeit ist das nicht wahr. Es ist ein gängiger Mythos, der viel Schaden anrichtet, wenn er geglaubt wird. In Wirklichkeit entfernt dich nichts von dem, was du bist.

Es ist deine Aufmerksamkeit, die sich entfernt. Du beobachtest die Bewegung der Aufmerksamkeit; deshalb bist du nicht die Aufmerksamkeit, du bleibst dahinter, als das Gewahrsein an sich. Schau tief dahinein – und so werden dein Selbst-Bild und die Vorstellung, dich selbst jemals verlassen zu können, wegfallen. Was beobachtet das Verlassen und das Zurückkehren?

Das kann nicht gewusst werden. Es hat keinerlei Eigenschaft, es ist etwas jenseits davon.

Du hast Recht, wenn du sagst, es kann nicht gewusst werden. Du kannst es nur sein. Dann gibt es keine Trennung mehr zwischen Wissen und Sein. Gibt es irgendetwas, das du tun musst, um hier zu bleiben? Ist da ein „du", als eine berührbare Wesenheit, die imstande ist wegzugehen und zurückzukehren?

Unter dem ständig fließenden Strom von Empfindungen, einschließlich des Verstandes und des „Ich"-Gefühls, existiert nur Das. Der Weise weist darauf als die einzige Realität hin – als „Das, was Ist". Es könnte auch beschrieben werden als Buddha-Sein ohne Buddha.

<Stille>

Was gibt es jetzt noch weiter zu erforschen? Erforschung ist nur dann nötig, wenn das Gefühl von „Ich" auftaucht und sich zu einem Ausmaß aufbläht, dass die unbeteiligte und stille Beobachtung verschwunden oder von der intensiven persönlichen Identifizierung mit dem Nicht-Realen überwältigt zu sein scheint. Sollte das geschehen, finde sofort heraus, wer betroffen oder in dieses Spiel verwickelt ist. Wer leidet? Bleibe ruhig, tauche tief ein und stöbere „den, der leidet" auf. Ist er real, berührbar? Kann er im Auge behalten werden?

Wenn diese Frage anfängt zu wirken dann achte auf die Tendenz, in Schläfrigkeit zu verfallen oder plötzlich zu irgendwelchen trivialen Gedanken abzuschweifen. Das sind übliche Reaktionen.

Es ist eine Form der Vermeidung von Seiten des Egos. Es ist so, wie wenn das Ego einen Stein ins Gebüsch werfen würde, um so von seiner Witterung abzulenken und die Entdeckung zu vermeiden. Bleibe bei deiner Aufgabe und gib die Untersuchung nicht auf. Fokussiere deine Aufmerksamkeit darauf, denjenigen, der leidet, ausfindig zu machen. So wird schließlich herausgefunden, dass da niemand ist, der leiden könnte. Es ist die Vorstellung, die du von dir selbst hast, die scheinbar leidet. Was entdeckt dieses? Noch einmal, es wird herausgefunden, dass da lediglich Entdecken stattfindet, aber kein persönlicher Entdecker da ist.

Es ist nicht genug, dass du diese gesagten Worte glaubst; vielmehr musst du es durch deine eigene Erfahrung herausfinden. Nur dann wird sich der Griff des Einflusses des Egos lockern, und der Bann der Täuschung wird gebrochen. Das eine Selbst allein scheint im Inneren des Körpers als das „Ich bin". In jedem Körper wird es reflektiert wie eine Facette eines Diamanten mit unendlich vielen Facetten, bei dem jede Facette den ganzen Diamanten hinter sich hat. Diese Erkenntnis enthüllt sich mühelos demjenigen, der durch Selbst-Erforschung oder Hingabe die Unwirklichkeit des Ego-Verstandes herausgefunden hat.

Wie kann ich von diesem Ort aus sprechen oder handeln, Mooji?

Bleibe einfach bei dieser Frage, bleibe still bei ihr, und siehe, was da entdeckt werden kann.

Das, was ist, spricht oder handelt nicht. Es ist jenseits von Handlung und Aktivität. Es ist wirklich der Gipfel ultimativen Verstehens. Was oder wer bin ich? Kann das, was ich bin, gesehen werden? Und wenn, dann von wem? Gibt es wirklich so etwas, wie sich selbst finden? Gibt es da zwei Entitäten, die als ein Wesen handeln? Wenn das so ist, welche ist real? Und wie kann ich das erkennen? Bin ich in zwei Hälften gespalten?

Diese Frage kann mit dem Verstand nicht mit dauerhafter Zufriedenheit beantwortet werden. Im Licht der Selbst-Erforschung gestellt sind solche Fragen tief eindringende, nach innen weisende und explosive Wegweiser. Manchmal explodieren sie, ein anderes Mal implodieren sie! Wenn sie mit konzentrierter Aufmerksamkeit und Dringlichkeit in dem Wunsch nach Wahrheit gestellt werden, müssen sie zwangsläufig eine tiefe Reaktion in unserem Wesen hervorrufen. Ich nenne die Frage „Wer bin ich"? meine Piranha-Frage. Sie verschlingt den Frager! Irgendetwas im Inneren schaltet ab und, was auch immer sich in dir abschaltet – liegt nicht mehr in deiner Hand; es ist nicht mehr länger deine Angelegenheit! Das ist wie mit dem Essen, das du kaust; solange du es im Mund hast, hast du Kontrolle darüber. Aber sobald es geschluckt ist, ist es verschwunden, außerhalb deiner Reichweite. Etwas anderes übernimmt jetzt die Verantwortung. Ich nenne das Gnade.

Kann es kein Erwachen ohne Gnade geben?
Welche Aufgabe hat die Gnade?

Gnade ist grundlegend für die Befreiung. Sie ist gleichbedeutend mit Freiheit. Gnade ist das Wirken des Satguru – unserer innersten Realität. Gnade ist göttliche Güte im Dienst an sich selbst.

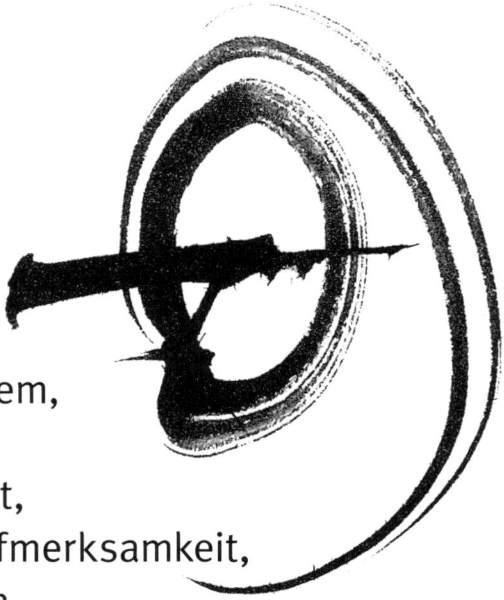

Wenn etwas von dem,
was ich sage,
tief in dir widerhallt,
versenke deine Aufmerksamkeit,
dein ganzes Wesen,
in diese Erkenntnis.

Sei ganz still.
Bleibe wahrhaftig und
unerschütterlich.

Gib dem trennenden Verstand
keine Aufmerksamkeit
und bald wirst du
den Frieden entdecken,
der alles Verstehen
übertrifft.

Vergiss die Antwort und vertiefe dich in die Frage

Was meinst du damit, wenn du von Befreiung sprichst?

Befreiung ist das natürliche Ergebnis von ernsthafter und stetiger Erforschung der Natur des Selbst. Man sieht, dass alles, was als Manifestation einschließlich der Persönlichkeit erscheint, ein Spiel des Bewusstseins in der Fülle des Absoluten ist. In der Erkenntnis dieser zeitlosen Tatsache strahlen ungebrochene Freude und Frieden im Herzen, im Körper und im Geist. Dieses ist die wirkliche Kraft der Selbst-Erforschung: es offenbart sich, dass das Gewahrsein-Selbst die Quelle aller Erscheinungen ist.

Aber wer forscht nach?

Vergiss die Antwort und vertiefe dich in die Frage. Alle Antworten kommen aus dem Verstand. Das „Ich“ muss hier anwesend sein, um zu sagen: „Ich bin erfreut oder nicht erfreut über dieses oder jenes.“ Was ist „Ich“? Finde heraus, was das „Ich“ ist, und anstatt bloße Mutmaßungen anzustellen, wirst du entdecken, wer nachforscht.

Da ist kein „Ich“.

Deine Antwort scheint klug zu sein, aber sie verbirgt eine Vermeidung der wirklichen Entdeckung. Wer sieht, dass es da kein „Ich“ gibt?

Sie entsteht spontan in meinem Bewusstsein.

Und du, wer bist du? Was bemerkt dieses oder jenes?

Sobald du wirklich schaust und deine Aufmerksamkeit auf deine eigenen Erkenntnisse richtest, werde ich aufhören, solche Fragen zu stellen. Wenn du willst, dass ich aufhöre, auf deinen Verstand einzuhämmern, schaue und löse dieses Dilemma für dich selbst. Aber du musst aufrichtig sein.

Ich bin dieses „Etwas“. Was immer es ist.

Was ist vor dem Auftauchen der Feststellung „Ich bin dieses Etwas“?

<Stille>

Immer wenn ich Selbst-Erforschung praktiziere, komme ich an einen Punkt, wo keine Antwort kommt.

Was bemerkt, dass keine Antwort kommt?

Bewusstsein? Leere? Etwas?

Komme mir nicht mit Kleinigkeiten. Das sind leere Worte, Worte und Bekundungen von jemand anderem, nicht deine eigenen. Merkst du nicht, dass es ihnen an Autorität und Überzeugung fehlt? Sprich nur von deiner eigenen direkten Erfahrung. Schau nach innen. Denken, Vorstellen oder Visualisieren sind nicht gefragt, nur konzentrierte Beobachtung ist hier von Bedeutung. Diese Fähigkeit ist schon in dir.

Was auch immer auftaucht, ist beobachtbar und wird deshalb von irgendwo jenseits davon gesehen. Was ist es, das abseits steht und zusieht? Besitzt es Qualitäten? Ist es irgendein Ding?

Nein, es ist kein Ding.

Was weiß das? Von wo beobachtest du, genau an dieser Stelle? Gib mir einen Einblick, wenn du kannst – was passiert jetzt?

Da ist ... irgendetwas, das von ... nichts ... gesehen wird ... und ... ich bin noch vor diesem.

Sei DIESES.

<Stille>

Kannst du aus diesem herauskommen?

Nein . . . kann ich nicht. Was ich bin, kann nicht . . . was ich wirklich bin, ist immer hier.

<Stille>

Ich bin hierher gekommen, um dir eine gute Nachricht mitzuteilen: Du bist vollständig. Du bist die Vollkommenheit selbst, jenseits des Konzeptes von Vollkommenheit. Du bist das ewige Prinzip. Du bist da, unveränderlich, bevor das Konzept „Ich bin" auftaucht. Vom höchsten Standpunkt aus nimmst du alles als dein Spiel wahr. Du bist alles, was existiert.

Entdecke und bestätige dies für dich selbst. Es muss deine eigene Erfahrung werden. Zitiere nicht, was du gelesen oder gehört hast. Lies aus deinem eigenen Buch, dem Buch deines unveränderlichen SELBST, dieser unerschütterlichen Wahrheit.

Warum sind Dinge, wie sie sind?

Ich kann nur sagen, dass es eine tiefgründige
innere Präsenz gibt, eine großartige Schönheit,
eine Weisheit, die kein menschliches Wesen
ergründen kann. Sie ist absolut rein
und sie ist die Schöpfung meines Vaters.
Ich fühle mich erfüllt, dankbar und glücklich
darüber, das wahrnehmen zu können.
Wer bin ich? magst du fragen.
Wer sagt diese Dinge?
Ich kann viele Dinge sagen.
Ich bin ganz und gar – Nichts.
Ich bin entzückt Nichts,
zeitlos Nichts, freudvoll Nichts,
erlesen Nichts, und nichts davon
kann ohne mich sein.

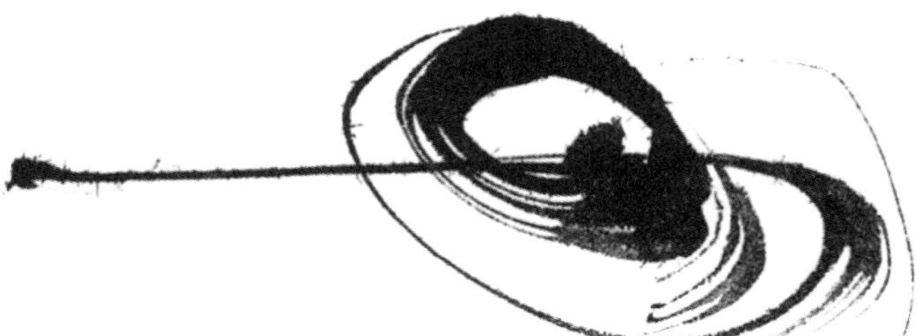

Verweile als das Formlose

Ich habe dich heute Morgen angerufen, weil ich Angst hatte. Da war nur noch Leere und „Mary" (Name der Fragenden) war nicht zu finden... Ich war nicht da. Das war wirklich beängstigend.

Alles ist gut. Du warst da, aber nicht als Person, was hätte ansonsten die Leere wahrgenommen? Du hast die Früchte deiner eigenen Selbst-Erforschung gekostet. Du warst Zeugin vom Verschwinden deiner alten Vorstellung von dir selbst.

Angst entsteht, wenn die alten Anhaltspunkte ins Wanken geraten, aber selbst das wird wahrgenommen. Was war es, das dies alles wahrgenommen hat? Alles Suchen hat letztendlich nur einen Zweck: den Sucher zu finden und sich jenseits davon in dauerhafte Freiheit zu begeben. Was ist es, das sucht? Kann der Sucher gefunden werden? Ist der Sucher eine greifbare, messbare Wesenheit?

Was genau bin ich dann?

Keine Antwort eines anderen genügt. Man sagt, dass nur ein sattvischer Verstand diese Frage stellen kann.

Mit einem sattvischen Verstand ist der reine Geist gemeint, der frei von Ablenkungen ist und nur nach einer Sache sucht: der endgültigen Befreiung. Ein solcher Verstand ist der göttliche Geist selbst. Die Weisen sagen: Ein Leben ist erst dann verheißungsvoll, wenn die Frage „Wer bin ich, der in diesem Körper lebt?" auftaucht, erkannt und verfolgt wird, bis man vom verhexenden und begrenzenden Einfluss des Verstandes frei ist. So erwacht man zur unveränderlichen Wahrheit.

Ich kann sagen, dass ich gesehen habe, dass ich nicht mein Verstand bin und dass meine Persönlichkeit eine Idee ist. Da ist aber noch ein Gedanke, dass es irgendwie klarer werden könnte, dass mehr getan werden könnte.

Lass uns dieses „Ich“ näher betrachten, das du als dein eigenes Sein wahrnimmst, also dasjenige, das denkt, es könnte mehr tun, oder das fühlt, es selbst käme einem Ziel näher.

Lass uns dieses „Ich“, das du für dich hältst, genau ansehen, das „Ich“, das denkt, es könnte mehr tun, oder das Gefühl hat, es käme einem Ziel näher. Ich möchte, dass du heute in diesem Augenblick erkennst, dass du Buddha selbst bist, dass du dasselbe Bewusstsein bist wie das Christus-Bewusstsein. Du bist dir dieser Wahrheit nicht völlig bewusst, weil du es übernommen und dich damit identifiziert hast, dass der Körper und Geist dein Ausdruck und dein reales Sein sind. Deshalb siehst du dich Veränderungen ausgesetzt wie der Körper und der Geist.

Solange du dich an diesem Gedanken festklammerst, eine persönliche Wesenheit zu sein, stellst du dir vor, du hättest irgendetwas zu tun, um als das Selbst zu „verharren“, was du aber nicht tun kannst, niemand kann das. Das Gefühl, begrenzt zu sein, wird dich sehr, sehr frustrieren. Sogar SELBST-Erkenntnis wirst du als vorübergehende Erfahrung empfinden, weil dein „Ich“ in der Trennung selbst verwurzelt ist.

Es gibt ein „Ich“, das mit historischer und psychologischer Kraft entsteht. Es ist mit verschiedenen Qualitäten und Neigungen verknüpft, einer Mischung aus Verstand und Sein. Da ist aber auch das „Ich“, das aus endlosem Raum und formlos auftaucht. Erkenne, welches real ist. Das persönliche „Ich“ ist voll von Eigenschaften und Selbstsucht. Sein Selbstbewusstsein beruht auf der Identität mit dem Körper und ist deshalb leicht als Phänomen auszumachen.

Das, was Zeuge von diesem persönlichen „Ich“ mit seinen Begrenzungen ist, ist auch als „Ich“ erfahrbar, aber feiner, formlos, wie Raum. Das ist das „Ich-Selbst“, das im Körper als Raum, als Stille, als intuitives Wissen, Liebe und Glückseligkeit aufscheint. Das „Ich“ hinter dem „Ich-als-Person-Sein“ ist das immer vollkommene Gewahrsein-Selbst.

<Stille>

Also ... solange sich meine Aufmerksamkeit darauf richtet, was auftaucht, solange ein Objekt von einem Subjekt wahrgenommen wird, wird da immer Dualität sein. Deshalb muss ich an einem bestimmten Punkt sogar die Suche fallen lassen, ist es nicht so?

In Wahrheit lässt du nichts fallen. Was wirklich geschieht ist, dass in einem günstigen Augenblick die Suche dich fallen lässt! Du bist es, der fallen gelassen wird! Sri Ramana hat gesagt: „Fahre solange mit der Selbst-Erforschung fort, bis niemand mehr übrig geblieben ist um nachzuforschen." Diese Hingabe ist wie das Beobachten eines Meteoriten, einer Sternschnuppe, die sich auflöst, sobald sie in die Erdatmosphäre eintritt. Wenn du mit der Erforschung fortfährst, verblasst der, der nachforscht.

Es gab einmal eine große Yogini, die auf folgende Weise sehr intensiv meditierte: „Ich bin hier. Ich kann deutlich mein Dasein fühlen. Was ist es genau, das selbst dieses Sein wahrnimmt?" Als sich ihr Bewusstsein weiter in einen Zustand intensiver Konzentration vertiefte, wurde sie plötzlich der wunderschönsten Klänge gewahr, die sie vorher so noch nie gehört hatte. „Oh, welches Entzücken!" dachte sie, „sie können jedoch nicht das sein, was ich bin, weil ich hier bin, um sie zu hören." Einige Augenblicke vergingen, und dann erschien vor ihr ein schimmernder Lichterglanz in überwältigend leuchtender Farbenpracht. Aber es kam wieder die Erkenntnis: „Wie wunderschön, wie sinnlich! Aber sie haben nichts mit dem zu tun, was ich bin, weil ich hier bin, sie wahrnehme, ohne davon betroffen zu sein. Selbst das, was von der Schönheit so eingenommen ist, wird in meinem SELBST wahrgenommen." Nach einer weiteren kurzen Weile begannen himmlische Wesen zu erscheinen, die im Raum schwebten und vor Licht und Liebe strahlten. Und wieder kam die Erkenntnis: „Oh, wie wunderschön ist diese Vision! Ich kann aber nicht sein, was sie sind, denn ich bin schon hier und erfahre ihr Erscheinen!" Schließlich gingen alle Phänomene in einer allumfassenden Stille auf, jenseits der Dualität.

Sogar diese Leere, von der du vorhin sprachst, kann nicht das sein, was du bist, da sie als Phänomen wahrgenommen wird. Deshalb sage ich, du bist die Leere jenseits jeglichen Konzeptes von Leere.

Und wenn das ultimative Verstehen erfolgt, wird sozusagen auch diese Realisation in dem „Was Ist“ gesehen.

Alles kehrt zurück in die Stille, und es ist niemand dort, darüber ein Urteil abzugeben. Stille wird durch Denken oder Sprechen nicht gestört. Der Raum wird durch das, was in ihm erscheint, nicht beeinträchtigt. Du bist DAS. Verweile in diesem bildlosen Schauen.

Om.

Höchster Vater,
in welche Richtung muss ich schauen,
um Dich zu finden,
der Du zeitlos
in meinem Herzen wohnst,
Du, der jede Zelle
meines ganzen Wesens erfüllst,
mit Deiner Gegenwart,
Deinem Licht, Deinem Lied?
Was könnte trennen,
wer ich bin, von dem, was du bist?
Befreie mich vom Ego
und lasse meinen Verstand aufgehen
in Dir.

Sterben, bevor ich sterbe

Mooji, ich versuche, die richtigen Worte zu finden, um dir meine konkreteste Frage zu stellen.

Ich sage: Erschieße den Fragesteller.

<*Gelächter*>

Weißt du, eine Frage, die direkt dem Herzen entspringt, hat etwas Beherrschendes an sich. Sie muss nicht in irgendeiner philosophischen Sprache oder Einstellung ausgedrückt sein. Es kann die einfachste Sache sein, dennoch liegt eine mächtige Kraft in ihrer Frische und Unschuld. Und so eilt sich das Sein, sie zu befriedigen. Ja, wie ein tiefes Sehnen, wie die ausgestreckten Arme eines weinenden Kindes, drängt etwas von innen, in Kontakt mit ihr zu kommen und sie ganz in sich aufzunehmen. Der Verstand fragt selten von dieser Stelle aus. Fragen aus dem Verstand kommen selten mit diesem Biss, dieser Dringlichkeit, dieser Unschuld.

Vor einiger Zeit kam ein Mann zum Satsang und bat darum, mich privat zu treffen. Als er kam, fragte ich ihn, warum er nach einem Einzelgespräch gefragt habe? Er sagte: „Ich habe ein sehr dringendes Anliegen. Die Ärzte sagen mir, dass ich eine unheilbare Krankheit hätte, sie sagen, ich werde sterben. Und ich wollte dich treffen, weil ich sterben möchte, bevor ich sterbe."

Wer sonst kommt mit einer solchen Dringlichkeit, einem solchen Gesuch: „Ich möchte sterben, bevor ich sterbe."

<*Lange Stille*>

Mooji, ich bin mir nicht ganz sicher, was er gemeint hat...

Er meinte: Ich möchte der Belästigung durch das Ego ein Ende bereiten. Ich möchte, dass es aufhört, die Qualität meines Daseins zu bestimmen, bevor es natürlicherweise von sich aus in sich zusammenfällt.

Ich möchte von der Beeinflussung des Egos frei sein. Ich möchte diesen hypnotischen Zustand beenden, der mich glauben lässt, diese Person zu sein, die sterben wird. Irgendwo tief in mir ruht eine Erkenntnis, dass das, was ich bisher geglaubt habe, nicht wahr ist. Ich fühle sehr stark, dass das Konzept, nur meine Körper-Verstand-Funktion zu sein, unangemessen ist. Irgendwo in mir ist eine Klaustrophobie, und mein Wesen sehnt sich danach zu atmen, ohne von diesen Gedanken schikaniert zu werden. Ich denke, das ist, was der Mann damit gemeint hat.

Wie könnte er das erreichen?

Indem er herausfindet, wer oder was sein Selbst ist. Man muss sich über seine wahre Position im Klaren sein. Sobald es unwiderlegbar klar ist, dass ich „Das" bin, worin die Wahrnehmung der Welt stattfindet, und dass ich nicht das bin, was wahrgenommen wird, dass ich jenseits aller Formen und Veränderungen bin, wird die Wirkung des Sehens spontan folgen, vielleicht auch unbewusst.

Ich erinnere mich, dass Papaji zu mir sagte: „Wenn du dir wünschst, eins mit der Wahrheit zu sein, musst du dich auflösen, du musst verschwinden." Bis zu diesem Zeitpunkt hatte es Jahre von Glückseligkeit und Freude gegeben. Es war ein Gefühl da, unglaublich gesegnet zu sein, sogar als ein Diener von Gott auserwählt zu sein. Beim Hören dieser Worte in der Gegenwart des Meisters erhob sich plötzlich ein heftiger Sturm in meinem Herzen. Heftiger Widerstand, Wut und Verurteilung flammten auf. Mein Verstand wollte diesem Halsabschneider entkommen, so stellte er ihn als Scharlatan dar. „Ich kann mich dir nicht hingeben. Also, wenn Ramana hier wäre . . . von ihm weiß ich, dass er echt ist." Aber weißt du, Papaji hatte mein Ego nicht angewiesen, irgend-etwas Spezielles zu tun, wie beispielsweise zu verschwinden – er sprach einfach nur von der Wahrheit aus. Die Kraft, die von der Wahrheit ausging, entlarvte das Ego und packte es an der Gurgel – so kam das Ego, um sich tretend und schreiend, zum Vorschein.

Der Übeltäter wurde entdeckt und gesprengt – und es folgten daraufhin immenser Friede, grenzenlose Stille und eine neue Liebe, eine sehr starke Liebe für den Meister.

Ich erinnere mich, dass es vor meiner „Exekution“ immer so manchen Widerstand in meinem Verstand gab. Manchmal sagte Papaji nicht ernstzunehmende, ungenaue Dinge und ich spürte, wie mein Verstand urteilte: „Papaji, das ist nicht wahr. Wenn du ein wirklicher Meister wärst, würdest du nicht dies oder jenes sagen.“

Ich hielt dieses Verurteilen aufrecht, um mein Ego zu schützen, solange wie ich es nur konnte. Aber ich fühlte, dass das Schwert des Meisters immer näher kam, bis es irgendwann nicht mehr zu vermeiden war, die kalte Klinge an meiner Gurgel zu spüren.

Das Ego hat immer einen Fluchtplan, eine Hintertür.

Ich weiß nicht, warum ich dir das alles erzähle. Vielleicht möchte ich dir nur zu der Einsicht verhelfen, dass du dir das, was zur Auflösung deines Verstandes führt, nicht selbst ausdenken kannst. Etwas drängt dich hierher, zum Schlachtblock.

Dein Wesen hat sich selbst die Form des Suchers gegeben, um daran erinnert zu werden und wieder neu zu entdecken, dass es objektloses Gewahrsein ist – dass es nichts, alles und jenseits davon ist.

Sri Nisargadatta Maharaj hat es auf schöne Weise ausgedrückt: „Wenn ich sehe, dass ich nichts bin, ist das Weisheit. Wenn ich sehe, dass ich alles bin, ist es Liebe. Zwischen diesen zwei Tälern fließt mein Leben.“

Manchmal wirst du sehen, so wie hier und jetzt mit mir, dass du nichts Konkretes, Objektives oder Begreifbares bist. Du wirst auch herausfinden, dass es keinerlei persönliches Suchen oder Entdecken gibt.

Das „Suchen“ ist wie ein Impuls des Selbst sich wiederzuerkennen.

Da ist lediglich die Weite des Seins, eine feinsinnige Intuition; und darin fließt ununterbrochen eine Welle unermesslicher Liebe.

Sei unerschrocken und schmeiße deine Leibwächter hinaus; denn sie sind es, die dich um die wirkliche Freiheit betrügen, während sie dich angeblich beschützen. Hebe deine Türe aus ihren Angeln. Reiß deine Wände ein. Lasse es zu, von der Gnade völlig entkleidet zu werden, damit du mit Gottes Augen zu sehen beginnst.

Du bist das ewige SEIN, jenseits von Werden – du beobachtest, bist aber kein Beobachter. Lass alles kommen und gehen. Eines Tages wird auch dieser Körper vergehen, und du wirst auch davon Zeuge sein.

<Lange Stille>

Aber du bist das, was unverändert bleibt von alldem, was kommt und geht.

Mooji, ich kann diese Wahrheit fühlen, wenn ich dich davon sprechen höre; aber wenn ich von hier weggehe, wenn ich mich wieder im weltlichen Umfeld bewege, scheint es mir so, als wäre ich unfähig, mich wirklich an dieses Gefühl zu erinnern.

Wenn ich dir hundertmal erzähle, dass du zu hundert Prozent stets die Wahrheit bist, dass du zu hundert Prozent frei bist, dass du das ewige Prinzip bist, dass deine Natur Freude, Freiheit und Frieden ist, freust du dich hundertmal, das zu hören, und vergisst es auch hundertmal wieder.

Warum? Weil du tausende Male die Gedanken angenommen hast, dass du nicht frei bist, noch nicht, dass du nicht bereit bist und es nicht wert bist, und dass es erforderlich ist, mehr zu tun.

Du hast so viele Anstrengungen unternommen, einen Schatten in ein Objekt zu verwandeln, von dem er jedoch nur eine Spiegelung ist!

<Stille>

Dein Körper wurde geboren, aber du wurdest nie geboren und du wirst niemals sterben. Entdecke das jetzt, während du noch einen Körper hast! Der Körper wird sterben. Ich sage, finde das, was nicht sterben kann. Diese Möglichkeit gibt es jetzt, ergreife sie.

Finde heraus, was innerhalb dieses Körpers „Ich“ sagt. Hat es ein Alter, eine Größe, ein Geschlecht? Finde das voller Hingabe und Aufmerksamkeit heraus. Jetzt ist der günstigste Augenblick dafür.

Kannst du etwas über den Tod sagen? Bei dem Gedanken zu sterben fühle ich mich wie gelähmt.

Der Tod selbst ist ein Gedanke. Alle fürchten sich vor dem Tod! Leben, ohne deine wahre Natur zu kennen, ist Tod, deshalb sind alle tot. Wenn du dich selbst nur für Körper und Geist hältst, wirst du sterben! Wenn du dich selbst als Gewahrsein erkannt hast, wird dich die Angst vor dem Tod nicht länger belästigen. Wir fürchten den körperlichen Tod, deshalb fürchten wir auch irgendwie das Leben selbst.

Wie Ramana kannst auch du deinen eigenen Tod beobachten. Er begrüßte das Herannahen des Todes und nahm die Haltung ein, „Lass den Körper sterben. Mal sehen, was passiert!“ Der Körper wurde wie ein Leichnam, jedoch erkannte er, dass es im Körper eine Kraft gibt, welche unverändert bleibt. In diesem Augenblick wusste er – der Tod ist ein Mythos.

Jahre später, kurz bevor Sri Ramanas Körper von ihm abfiel, baten ihn einige Anhänger eindringlich: „Bhagavan, bitte, verlasse uns nicht!“

„Wo könnte ich hingehen? Ich bin immer hier“, war seine Antwort. Was Ist, bleibt ewig unveränderbares Selbst. Ja, der Körper vergeht, der Verstand löst sich auf, der Atem vereinigt sich mit der Luft, aber der Geist bleibt – unveränderlich

Was ist der Geist?

Das Selbst, das Gottes-Licht, das Unsterbliche, das Ungeborene, die ewige Wahrheit; wir sind Das. Das zu wissen ist Freiheit. Das nicht zu wissen, bedeutet Gebundensein und Tod.

Ich möchte nicht sterben.

Dann verwerfe das Leben! Die Wirklichkeit ist jenseits der Konzepte von Leben und Tod. Sei furchtlos. Bestätige, dass du nichts davon bist und nichts dir gehört. Ich bin die unsterbliche Wirklichkeit. Suche in deinem Inneren, indem du der Frage nachgehst, „Wer lebt oder stirbt?“ Bleibe ganz ruhig, nachdem du diese Frage gestellt hast. Habe die Einstellung, „Ich muss das heute herausfinden!“ Etwas in deinem Inneren wünscht sich, dies einem mit Sehnsucht gesegneten Verstand zu offenbaren.

Es ist die Identität, die Angst davor hat zu sterben. Wo es Identität gibt, muss es eine „Ich“-Entität geben.

Versuche, diese „Ich“-Entität zu lokalisieren, hier und jetzt, und teile mir deine Erkenntnisse mit.

Es ist nichts da.

Gib dich nicht zu schnell mit dieser Antwort zufrieden. Sonst könnte der Verstand diese wahre Antwort dazu benutzen zu verhindern, erwischt zu werden. Vertiefe dich wieder da hinein, halte die Frage aufrecht und tauche unter.

Es ist nichts da. Es ist leer.

Ist da ein Gefühl, dass der Verstand nicht mehr funktioniert?

Nein. Da ist völlige Stille. Da ist keine Angst, nur unbeschreiblicher Frieden.

Frieden ist so unendlich wie Raum.

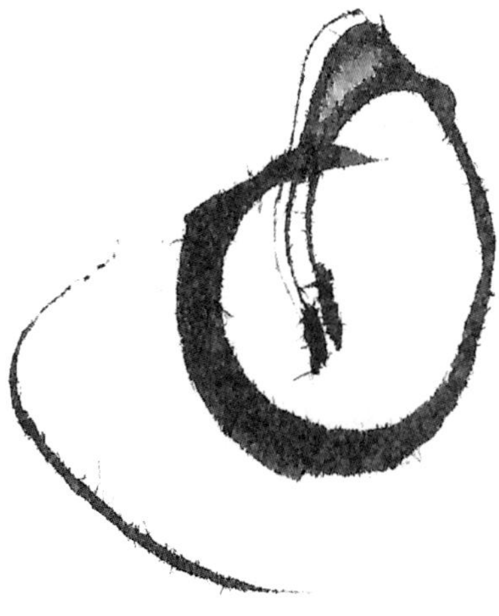

Das Leben schuldet dir nichts.
Wenn du diese Haltung einnimmst,
dann bist du für alles dankbar.

Was hast du dafür getan,
30 Jahre lang frischen Sauerstoff zu verdienen?
Was hat jemand dafür getan,
ein Herz zu besitzen, das sogar noch schlägt,
wenn man schläft?

Was hast du dafür getan, überhaupt
etwas zu verdienen und wer bist du eigentlich?
Wenn du über diese Dinge
tief nachsinnen würdest,
wärst du nicht überheblich
und du würdest nicht leiden.
Du würdest dein Leben wertschätzen in all seinen
Ausdrucksformen.

Das Erleiden deiner Erfahrungen

Was ist mit dem körperlichen Schmerz? Was ist mit dem Leiden?

Übergebe deine Existenz der Existenz und bleibe ruhig. Alles ist Gnade.

Wenn du wirklich den freien Willen und die Macht hättest, dein Schicksal zu gestalten, ein ideales Leben zu erschaffen, würdest du sehr wahrscheinlich alle Unannehmlichkeiten, alles, was dein Ego herausfordert, alles, was Gefühle von Schuld oder Scham bloßstellt und was deine Verhaftungen bedroht, hinter dir lassen. Du würdest all dies ausschließen und durch Erfahrungen mit Schokoladengeschmack ersetzen.

<Gelächter>

Aber so sehr du auch versuchst, ein deine Projektionen zufriedenstellendes Leben zu gestalten und abzusichern, würde es einem Leben an Qualität und Verheißung nicht gleichkommen, wie es sich ohne menschliche Absicht entfaltet.

Ein Mann sagte einmal zu Sri Nisargadatta: „Maharaj, deine Worte lösen eine tiefe Resonanz in meinem Herzen aus. Ich fühle ihre Kraft und weiß, sie sind wahr. Wenn ich aber ehrlicherweise meine Erfahrung beschreibe, müsste ich eingestehen, dass ich durch mein ganzes Leben fortwährend Leiden erfahre!" Und Maharaj erwiderte: „Nein, das ist nicht wahr. Du erfährst nicht Leiden, du erleidest deine Erfahrungen."

Kannst du mehr über Nisargadattas Worte sagen, Mooji?

Ich möchte dir eine Geschichte erzählen: Ein Mann mit großen Schmerzen suchte einen Arzt auf. „Wie kann ich ihnen helfen?", fragte ihn der Arzt. „Ich habe überall Schmerzen, Herr Doktor", sagte der Mann.

Immer, wenn ich mich hier berühre“, indem er eine Stelle neben dem Herzen berührte, „tut es weh! Und wenn ich mich hier anfasse“, fügte er hinzu und berührte dabei seine Nase, „Autsch! – das tut auch weh.“

Der Arzt schaute erstaunt, als der Mann fortfuhr. „Wenn ich mich hier anfasse“, sagte er und berührte seinen Magen, „tut es höllisch weh!“ Dann berührte er sein Augenlid. „Autsch!“ schrie er wieder. So führte der Arzt eine umfassende körperliche Untersuchung an dem Mann durch. Schließlich erklärte der Arzt: „Mein Herr, ich finde nichts Krankes an den Stellen, die Sie mir gezeigt haben. Das Problem ist, Sie haben einen gebrochenen Finger!“

<Gelächter>

Das „Ich“ ist dieser Finger. Wo immer dieses „Ich“ hingeht, da gibt es Probleme. Das „Ich“, das ohne Identität erstrahlt, ist der natürliche Geist. Wenn es sich mit dem Körper, mit dem konditionierten Verstand und dem Gefühl, der Handelnde zu sein, identifiziert, wird es das Ego, die Ursache des Leidens. Alles, was es in seiner Unwissenheit berührt, verursacht sich selbst und anderen Schmerzen. Indessen denkt es, dass Schmerzen durch andere verursacht werden. Wenn auf Grund von Gnade realisiert wird, dass dieses „Ich“ die Hauptursache für die Verwirrung ist und dass es nur ein Traum innerhalb des reinen SEINS ist, hat das Leiden ein Ende.

Die Identifikation mit diesem „Ich“ ist der Ursprung des Leidens. Wenn du eine Vorliebe für eine bestimmte Art von Erfahrung hast, leidest du. Wenn du eine Vorliebe hast, von wem du lernen solltest, leidest du. Wenn du ständig interpretierst, wie die Dinge sind oder wie sie sein sollten, was dir zusteht oder nicht zusteht, leidest du. Immer da, wo Stolz, Anhaftung, Urteilen und Sehnsüchte vorhanden sind, ist auch Leiden. Wenn wir von dieser Unwissenheit zu unserer wahren Natur erwachen, gibt es kein Leiden mehr.

Aber Mooji, wie kann es sein, dass du kein Leid fühlst, wenn starker körperlicher Schmerz da ist?

Schmerz und Vergnügen gehören beide zum Körper. Es sind Teile eines Bündelangebots. Wenn du einen Körper annimmst, erfährst du alle damit zusammenhängenden Gegensätze und Widersprüchlichkeiten des Tanzes, den wir Leben nennen. Das heißt aber nicht, dass du zwangsläufig leidest, weil du einen Körper hast. Identität verstärkt das Leiden.

Bei einer unvoreingenommenen und unpersönlichen Beobachtung der Körper-Geist-Funktion wird Schmerz als natürliches Phänomen wahrgenommen. Nicht-persönliches Erfahren an sich ist Freiheit. Trotzdem scheint für einige Menschen Leiden ein unvermeidbarer Aspekt menschlichen Daseins darzustellen. Im Bereich gefühlter Erfahrung ist Leiden unvermeidlich. Wo starke psychische und physische Identität vorherrscht, gibt es entsprechendes Leiden – es ist der Preis dafür, dass wir einen Körper haben!

So, du sagst: „Ich habe gelitten." Ich möchte darüber mit dir nicht streiten. Es gibt aber auch Menschen, die ihrem scheinbaren Leiden mit einem tiefen Gefühl von Dankbarkeit und sogar Freude gegenübertreten. In einem solchen Fall möchte ich das nicht wirklich Leiden nennen, weil kein Widerstand da ist. Sie haben verstanden und akzeptiert, dass sich Gnade manchmal als intensiver innerer Brennvorgang manifestiert, der das Wesen von gedanklichen und emotionellen Giftstoffen reinigt – in diesem Sinne bleiben sie in Frieden.

Ich weiß nicht, wie ich für körperlichen und emotionalen Schmerz Dank empfinden könnte, wenn es sich um quälende Schmerzen handelt.

Es ist nicht nötig, sich zu zwingen dankbar zu sein. Wegen einer Art bedingtem Reflex strömt das Blut zum Zentrum der Aktivität, genauso, wie sich weiße Blutkörperchen zu der Stelle einer körperlichen Verletzung begeben. Um bei diesem Beispiel zu bleiben: das Zentrum der Aktivität ist immer dort, wo das Gefühl des persönlichen „Ich" pulsiert, und die anschließende Aufmerksamkeit, die ihm geschenkt wird, ist wie der Blutfluss.

Du bist das nicht: du bist dir dessen bewusst. Sei dir einfach darüber im Klaren, ohne in Panik zu geraten. Wenn du bei der Intuition, dem Gefühl von „Ich bin", bleibst und ihm nicht erlaubst, sich mit einem anderen Konzept zu verbinden, wenn du das „Ich bin“ in sich selbst ruhen lässt – werden unmittelbar Freude und Raum vorherrschen. Ganz spontan ist Stille da und die intuitive Überzeugung, die bestätigt, dass ich zeitloses, ungebundenes Sein bin.

Das ist keine Lehre, das ist eine kraftvolle innere Erfahrung – nicht zu beschreiben. Zum Glück musst du keine Doktorarbeit darüber schreiben. Etwas wird erkannt, das ist genug. Du kannst es nicht beweisen, und du musst es auch nicht beweisen. Du brauchst nicht darüber zu reden, brauchst es noch nicht einmal mitzuteilen.
Bleibe einfach ruhig.

Verbleibe in dieser natürlichen inneren Abgeschiedenheit.

<*Lange Stille*>

Ist es falsch, sich an der Zukunft des Planeten und an einem Zusammenleben in Harmonie für das gemeinsame Wohl der gesamten Menschheit zu beteiligen? Ist es falsch anzustreben, der bestmögliche zu sein?

Hier im Satsang und mit mir hast du die Gelegenheit herauszufinden, wer du bist. Dies ist das höchste Gut. Beginne mit dir selbst durch Selbstbeobachtung. Kann es eine Welt geben ohne dich, der von ihr weiß? Wenn es dich nicht gibt, kann es dann das Wissen um die Welt oder irgendetwas anderes geben? Deshalb muss es dich vorher geben, weil du der Beobachter von diesen Dingen bist. Sogar Leben gibt es nicht, wenn du nicht da bist. Wer also bist du?

Löse das zuerst, dann komm und erzähle uns, was du herausgefunden hast. Später dann werden wir über die anderen Dinge sprechen, die du zur Sprache gebracht hast, wenn sie dir dann noch wichtig sind. Abgemacht?

Du hast meine Frage nicht beantwortet.

Das habe ich, doch meine Antworten werden dich zurzeit nicht befriedigen, da du eine sehr starke Identifizierung mit dem Körper und dem Verstand hast. Solange du glaubst, dass du der Körper bist und dein Verstand dein Selbst ist, wirst du an diese Konzepte gebunden bleiben und meinen Rat zurückweisen. Was sollen wir machen? Irgendwie bist du hierher gekommen und warst mutig in deiner Suche. Ich rate dir, hier eine Weile sitzen zu bleiben. Halte deinen Verstand offen, leer und ruhig. Stelle im Augenblick keine weiteren Fragen. Wenn du am Ende des Satsangs immer noch nichts fühlst, dann kannst du weiterziehen.

Ich wollte dir meine Anliegen vorbringen, aber du vermeidest sie. Warum? Sind sie nicht spirituell genug?

Weil du kühn und hartnäckig fortfährst, sollte ich ebenso hartnäckig sein:

Deine Fragen sind nicht wirklich. Meine Antworten sind nicht wirklich. Die Welt, wie du sie wahrnimmst, ist nicht wirklich. Krieg und Frieden, selbstsüchtige und täuschende Projektionen von aggressiv veranlagten Menschen sind genauso wenig wirklich. Jegliche Bestrebungen sind unwirklich. Lösungen, die aus der Identität mit dem Ego hervordringen, sind unwirklich. Die Natur, wenn sie als von einem selbst getrennt wahrgenommen wird, ist unwirklich. Ich, als autonome Wesenheit, bin ebenso unwirklich. Du – bist ebenso unwirklich. Das Leben selbst, wie es sich innerhalb der menschlichen Psyche darstellt, ist unwirklich. Selbst der Tod in der krankhaften Vorstellung, dass wir lediglich Körper und Verstand sind, ist unwirklich. Alles ist Illusion – unwirklich.

Allein das Selbst, zeit- und raumlos, unveränderbar und jenseits aller Eigenschaften, ist wirklich. Schau nach innen, um das selbst herauszufinden und es zu bestätigen. Sofern und solange du das nicht tust, steht dein Verständnis dieser Welt auf wackeligem Boden: einem Boden aus naiven Annahmen und Wissen aus zweiter Hand.

Ich bin sprachlos!

Sprachlos sein ist auch unwirklich.

Ein göttlicher Wahn
erfüllt mein Herz,
wenn ich Gott-trunken bin.
Wenn man all den inneren Unsinn
herausgerülpst hat,
scheint jeder Versuch, der Existenz
einen Sinn zu geben,
lächerlich.
Und dann kommt jemand daher
mit einem „echten Problem"...!

<*Gelächter*>

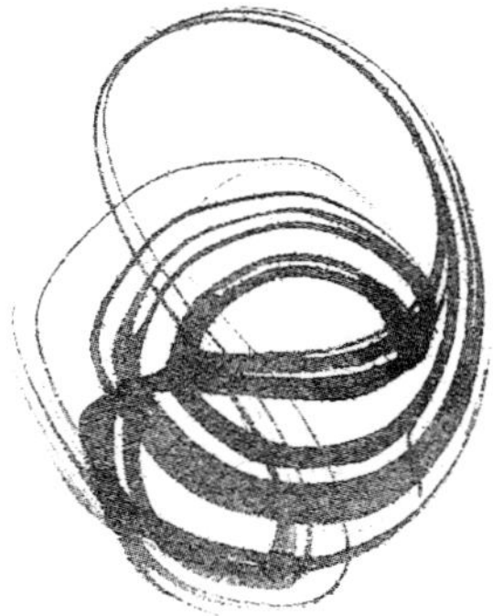

Das Land von „Ich weiß nicht“

Bei der Selbst-Erforschung ist man angehalten, sich nicht mit dem, was dabei auftaucht, zu verwickeln. Man ist nur Zeuge, hört nur zu, beobachtet es nur, ist es das, was du meinst? Aber wie hörst du dann dem Sein zu? Es scheint da eine Art feiner Einstimmung zu geben.

Auch „dem Sein zuhören“ ist noch zu viel. Sei einfach. Sei das Sein. Du bist immer Das.

Wenn du denkst „Ich muss dem Sein zuhören“, schaffst du eine Art von Aufspaltung, eine Trennung, und auf einmal entsteht so die Aufgabe, die eine Sache wieder mit der anderen zu verbinden. Das ist die Geburt von Dualität. Sofort ist ein „Ich“ erschaffen, das auf das Selbst hören muss. Das ist eine nur schwer erkennbare Falle, und die meisten glauben daran. Wer ist es, der dem Sein zuhören würde? Du bist das Sein! Es sind spitzfindige Gedankengänge. Spüre sie auf und weise sie schnellstens zurück.

Es ist bloß so, dass ich manchmal konfus werde zwischen dem notwendigen Zuhören, was die auftauchenden Emotionen betrifft, und dem Denken, dass alles, was da auftaucht, nur Bewegungen im Sein sind. Und dann erinnere ich mich, dass das alles doch nur im Verstand abläuft und dann …

All diese Konzepte sind zu einer sehr, sehr schweren Last geworden. Lege sie ab. Wenn du sie aufgreifst, werden sie dich herunterziehen und dir anstrengende und wertlose Aufgaben zu erfüllen geben. Deinem Verstand fehlt Kraft und Klarheit, denn deine Aufmerksamkeit hat sich von der Quelle abgespalten und wandert hin und her.

Löse dich nicht ab, um in die Venen zu gelangen, bleibe in der Hauptarterie. Was bedeutet das? Damit ist gemeint, verweile als das wahrnehmende Zentrum, das nur Zeuge ist. Gib dich nicht ab mit dem, was kommt und geht. Brauchst du irgendetwas, um einfach nur zu sein?

Nein, nicht wirklich...

Vielleicht spielst du jedoch heimlich mit dem Gedanken, jemand Besonderes zu sein. Vielleicht möchtest du dich vor deinen Freunden frei durch die Luft schwebend zeigen, wie es die Yogis tun oder so etwas? <*Gelächter*> Oder vielleicht wünschst du dir besondere Fähigkeiten, wie beispielsweise Menschen zu heilen oder die Zukunft vorherzusagen. Sollte dir irgendeine von diesen Fähigkeiten zukommen, sage ich dir, dass sie bloße Ablenkungen für das Ego darstellen. Wenn du dich nach solchen besonderen Effekten sehnst, wirst du wahre Freiheit nicht kennenlernen. Irgendwo in dir schiebst du die Entdeckung der Wahrheit auf. Gib alle Bestrebungen und Absichten auf und bleibe still, und dann schau nach, ob dir irgendetwas fehlt, wenn du ohne Wünsche und Vorstellungen bleibst. Sei nur ruhig. Berühre nichts.

Das sagst du immer.

Ja, aber hörst du zu? <*Gelächter*> Und wendest du diesen Rat an? Vielleicht ist das der Grund, warum ich es immerzu sage! <*Noch mehr Gelächter*>

Entschuldige, Mooji, mein Verstand wirft aber weiter mit „was wenn" und „aber" um sich! Es ist so, als hätte ich die Gewohnheit, meinen Gedanken zuzuhören, und ich scheine, es nicht abstellen zu können. Wie kann ich sie ruhig kriegen? Was kann ich mit diesem lärmenden Verstand machen, damit ich einen Augenblick Frieden finde?

Der Bauch des Verstandes ist niemals satt.

Ich möchte dir eine Geschichte erzählen: Es war einmal ein reicher und kluger Geschäftsmann, der Ferien in der Nähe eines kleinen Fischerdorfes machte. Eines Morgens, als die Sonne hoch stand und sich Kokosnusspalmen leicht in einer Brise wiegten, machte er einen kleinen Bummel am fast leeren Strand.

Auf halbem Weg den Strand entlang traf er auf ein kleines Fischerboot. Ein alter Fischer saß in seinem Schatten und erfreute sich an einer Zigarette. „Guten Morgen, mein Freund. Wie kommt es, dass du nicht draußen bist zum Fischen? Das Wasser scheint perfekt für einen guten Fang zu sein", sagte der Geschäftsmann.

„Bist du ein Seemann?", fragte der einfache Fischer.

„Nein", antwortete der Geschäftsmann, „ich habe aber bemerkt, dass alle anderen Boote draußen sind außer deinem."

„Da sind keine anderen Boote, nur ich fische hier. Ich fische in der Nacht. Jetzt ruhe ich mich bei einer Brise und im Schatten aus", erklärte der alte Mann.

„Würdest du nicht mehr Fische fangen, wenn du jetzt hinausführest?"

„Kann sein, aber wofür?"

„Ja, ich bin sicher, du könntest sie alle dort drüben an diesem Touristenstrand verkaufen", sagte der Geschäftsmann, indem er auf das nächste Dorf zeigte.

„Und was dann?", fragte der Fischer.

„Ja dann könntest du einen Motor für dein Boot kaufen und könntest weiter hinaus in wirklich tiefes Wasser fahren und noch größere Fische fangen."

„Und was dann?", fragte der bescheidene Fischer wieder.

„Ja, dann könntest du ein weiteres Boot kaufen, einen von diesen untätigen jungen Burschen anstellen, der für dich fischt, und so könntest du mehr Geld verdienen!"

„Und was dann?", sagte der alte Mann.

„Nun, mit all dem Geld könntest du dir dein eigenes Haus bauen. Du könntest dich zurücklehnen und ganz gelassen dein Leben in friedlicher Verfassung genießen“, antwortete der Geschäftsmann.

„Danke für deinen Ratschlag“, lächelte der Fischer, „aber das ist doch genau, was ich jetzt tue.“

Der Geschäftsmann legte demütig seine Handflächen zusammen und nickte zustimmend.

Du bist bereits der Friede, nach dem du suchst. Sei still und wisse es.

Was ist aber, wenn Dinge getan werden müssen, Mooji, Dinge überlegt werden müssen, Dinge erledigt werden müssen?

Lass die Aktivitäten geschehen, ohne dich damit zu identifizieren. So sind die Tätigkeiten in ihrer Ausführung rein. Ist das so schwer? Gedanken und Aktivitäten stehen nicht im Gegensatz zur Wahrheit und führen an sich nicht zur Identifizierung. Ich sage das oft, weil einige Leute Angst haben, dass sie nur noch dahin vegetieren, auf der Stelle treten und den Rest ihres Lebens in Meditation verbringen. Persönlich aktiv zu sein und nach etwas zu streben, sehen sie als Tugend an und empfinden diese Art von Anleitung und Rat als unnatürlich, träge und einschränkend.

Wenn wir aber deiner Anweisung folgen und die Welt vor uns nur beobachten, wie kann irgendetwas getan werden?

Höre zu: Verstandesmäßige, körperliche und emotionale Aktivitäten sind ständig im Spiel, die Lebenskraft ist ihr Meister und ihr Urheber. Du, der du Zeuge ihres Spiels bist, wirst durch ihr Spiel nicht berührt. Reflektiere, bestätige und überprüfe es für dich selbst, dass dem so ist. Unpersönliche Wahrnehmung der kosmischen Aktivität, frei von Selbstinteresse oder persönlicher Wertung, ist Zeichen eines befreiten Verstandes. Da gibt es eine enorme Freiheit und Klarheit in solch einer Erkenntnis. Das Problem bestand nie darin, mit wie vielen Aktivitäten oder gar mit welcher Art Aktivitäten der Körper sich beschäftigt. Der offensichtliche Fehler liegt in der Identifikation des Seins, des SELBST mit dem Nicht-Selbst oder der Vorstellung, die wir davon haben, wer wir sind. An dieser Stelle schleicht sich das Empfinden der Trennung ein. Mit der Trennung und einem aufgeblasenen Empfinden von Autonomie erscheinen Angst, Begehren, Ruhelosigkeit und Arroganz.

Ich sage, bleibe der unpersönliche Seher, das reine Gewahrsein selbst.

Ich weiß irgendwie, wovon du sprichst, Mooji. Ich praktiziere Vipassana-Meditation, und ich weiß, dass die Ruhelosigkeit des Verstandes wegfällt, wenn ich sie praktiziere. Und ich kenne eine Reihe von Atemübungen, die...

Du denkst, du weißt so viel, aber was weißt du wirklich? Du hattest den Eindruck, Fähigkeiten entwickeln zu müssen, um das Leben zu bewältigen und zu kontrollieren oder es wenigstens sicher zu navigieren. Aber weiterhin bist du dir deines SELBST nicht bewusst. Du kennst es bis jetzt noch nicht.

Kannst du dich nicht einfach auf die Ebene von „Ich weiß nicht" einlassen, auf „Ich bin", ohne der Versuchung zu erliegen, zu definieren, was dieses „Ich bin" ist?

Kannst du, wenn auch nur für diesen Augenblick, die Aufmerksamkeit ausschließlich innerhalb deines Empfindens von „Ich bin" halten, ohne sie mit irgendwelchen anderen Konzepten oder Empfindungen zu verknüpfen?

Kannst du einfach in dem natürlichen Gefühl des Seins bleiben – jenseits des Getrenntseins? Suche nicht nach besonderen Erfahrungen oder einem Nutzen. Sei weder in einem Zustand des Wartens noch von Erwartung. Erkenne dieses einzigartige Gefühl des natürlichen Seins. Es sind keine weiteren Praktiken nötig, wenn du die Selbst-Erforschung mit zielstrebiger Konzentration, sowie Vertrauen und Hingabe fortsetzt.

<Stille>

Nachdem ich deinen Worten zugehört habe, fühle ich mich ein wenig sprachlos... oder vielleicht eher wie unter Drogen!

<Gelächter>

Schließlich beginne ich zumindest sehr wohl zu verstehen, dass ich wirklich gar nichts weiß.

<Noch mehr Gelächter>

In dem Land von „Ich weiß" gibt es viel Konkurrenzdenken, Eifersucht, Heuchelei, Stolz und Arroganz.

Es ist ein aggressives Reich – das Reich des Egos. Ich sage, weise seine Staatsbürgerschaft zurück. Im Land des „Ich weiß nicht" leben die Bewohner ohne Konflikte und sind natürlicherweise ruhig, glücklich und friedvoll.

Die Weisen wohnen hier.

O Geliebter,

Du hast mich gelehrt,
Angelegenheiten
des Verstandes
oder der Welt
nicht zu fürchten,
sondern meine Aufmerksamkeit
ausschließlich
auf Dich zu richten.

So nimm meinen Verstand,
gemäß Deinem Wort,
vollständig
in Dich auf.

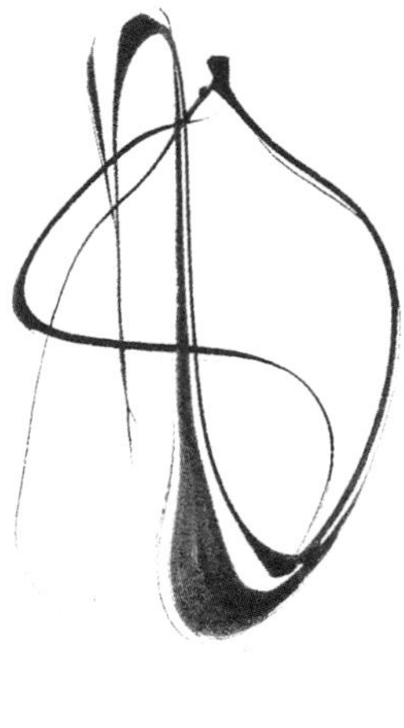

Ein göttliches Schauspiel

Du sagst oft Dinge wie „Rühre das nicht an!“ und „Bleibe neutral!“, meine Frage aber ist, was falsch daran ist, sich voll auf das Leben einzulassen? Und was ist gut daran, neutral zu sein? Es erscheint mir so, dass du empfiehlst, dem Leben nicht mit offenen Armen zu begegnen, seinen Gefühlen nicht zu vertrauen, kein Interesse daran zu haben, an irgendetwas teilzunehmen. Und es hört sich an, als ob du andeutest, das Leben sei reine Energieverschwendung. Aber das ist sicherlich nicht, was du meinst?

Nein, auf keinen Fall! An den Sinnen, Sinnesobjekten, an Objekten der Wahrnehmung, dem Geschmack und Gefühl von Persönlichkeit, jeglichen Empfindungen und an Phänomenen, die wir das Leben nennen, ist nichts auszusetzen, solange es gesehen und akzeptiert wird als das, was es einfach ist: der Ausdruck oder das Spiel des Bewusstseins.

Die Welt, derjenige, der sie erfährt, und der Vorgang des Erfahrens sind alle das Spiel des einen Bewusstseins. Mit reinem Geist gesehen, sind das Bewusstsein und seine sich in ständigem Fluss befindenden Inhalte weder negativ noch positiv. Sie sind einfach. Die gesamte Manifestation ist ein göttliches Spiel im Bewusstsein; es ist Gottes Lila, Gottes kreativer Ausdruck.

Auf jeden Fall ist es eine Täuschung. Ich biete dir das nicht als Lehre an, sondern vielmehr als Einladung, dir genauer anzusehen, was du als dich selbst betrachtest. Bist du bereit, dieser Untersuchung völlig aufgeschlossen gegenüberzutreten?

Ich sage: Rühre nichts an. Damit soll der Tendenz oder dem Reflex entgegengewirkt werden, sich mit dem zu beschäftigen, was oft bloßes gedankliches Gerümpel ist, sobald es im Verstand erscheint. Das ist ein Ratschlag oder die Anleitung für ernsthafte Wahrheitssucher, deren tiefster Drang es ist, frei vom hypnotischen Einfluss und von der Macht des Verstandes zu sein. Durch das Entdecken unserer reinen und unwandelbaren inneren Natur wird der Bann des Verstandes gebrochen.

Dieser Rat ist für diejenigen, die bereit sind, für die Freiheit alles andere hinter sich zu lassen. Andere tun, was sie wollen, wie durch ihre Natur veranlasst; auch das ist das Spiel des Kosmos und ist deshalb ebenso natürlich. Der Sucher mit Reife kümmert sich um seine eigenen Angelegenheiten, er geht seinen eigenen Weg.

Wenn ich aber nur tue, was ich will...? Was ist, wenn ich etwas Schlechtes oder Liebloses tue? Ich ernte doch die Früchte meiner schlechten Tat, ist es nicht so? Es erscheint nicht richtig zu sagen, dass alles Illusion oder alles nur ein Spiel ist! Oder dass mich nichts berührt oder angeht!

Das stimmt nicht ganz. Meine Aussage beruht nicht auf Arroganz. Ich meine damit eher, dass das Leben selbst alles hervorbringt. Der Verstand ist nur der Interpret.

Wenn ich jemanden in meinem Traum erschieße, leide ich gewiss in meinem Traum darunter. Selbst wenn ich im Traum nicht erwischt werde, würde ich doch auch im Traum mit meinen moralischen Werten konfrontiert, gleichgültig welcher Art sie sind.

Kann ich jedoch im Wachzustand für das Verbrechen, das ich im Traum begangen habe, eingesperrt werden? Ist nicht das, was den Traum veranlasst, auch für die Geschehnisse im Traum verantwortlich? Kann dieses wiederum selbst gefasst und eines Verbrechens angeklagt werden? Und falls ja, dann von wem? Denke darüber nach.

Zum Beispiel: Eine elektrische Leitung führt zu dieser Wohnung. In dem einen Gegenstand erzeugt der elektrische Strom Hitze, in einem anderen kühle Luft. Im Fernseher bringt er Bilder zum Laufen, im Kühlschrank erzeugt er Eis.

Doch der elektrische Strom ist keines von diesen Dingen. Er ist weder heiß noch kalt. Er hat keine Gestalt. Wenn jemand durch einen Elektroschock zu Tode kommt, kann der Strom nicht angeklagt, für schuldig erklärt und zu einer Gefängnisstrafe verurteilt werden.

Er ist weder schuldig noch unschuldig. Genauso ist es mit der Lebenskraft und dem Bewusstsein.

Wenn dem so ist, worin besteht dann der Sinn des Lebensgefühls, von Bildung, Kreativität, Weiterentwicklung sowie Bemühung um Perfektion in Gedanke, Wort und Tat? Du lässt das alles sinnlos erscheinen.

Im Gegenteil: sobald reines Verstehen eintritt – und es muss nicht plötzlich, sondern kann auch allmählich geschehen – wird sich das Gefühl eines sich abmühenden persönlichen Selbst, mit dem wir uns gewohnheitsmäßig identifiziert haben, auflösen und durch die Weite des SEINS ersetzt. Die alten psychologischen Eigenartigkeiten und Gewohnheiten können eventuell weiter fortbestehen, sie verlieren aber ihre Kraft wie eine Schlange, bei der Giftzähne und Gift entfernt wurden. Wird das innere SELBST als dasselbe SELBST in allen Lebewesen erkannt, dann verlieren Egoismus, Arroganz und Unsicherheit ihren Einfluss – und Mitgefühl strömt mühelos zum ganzen Leben hin.

Du kannst Wahrheit nicht
ohne Liebe finden.
Sie wird einfach nicht
in deinem Herzen aufblühen.
Begib dich
in den Bauch des SEINS.
Steige von dort
erfüllt hervor.

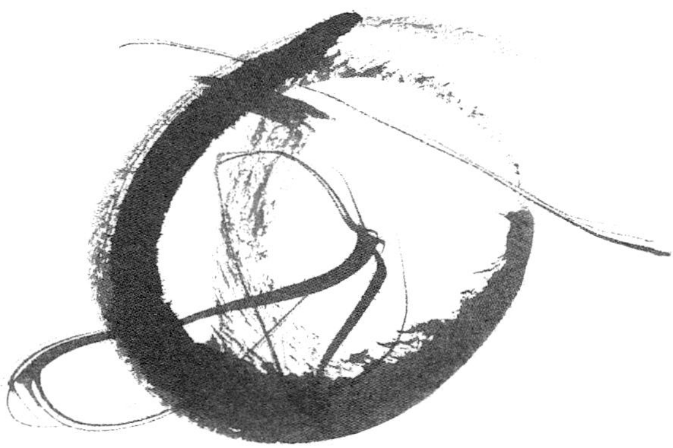

Die Hilfe eines Meisters

Welchen Zweck hat es, im Satsang zu sein?

Satsang dient dazu, mit deinem ganzen Wesen die Wahrheit deines Selbst zu erkennen. Wahres Erkennen und Verstehen beseitigt das Gefühl von Trennung und Entfremdung von der Vollkommenheit des Seins. Direkte, im Herzen bestätigte Erkenntnis des Selbst ist vollkommen, nicht unvollständig. Wenn die Neigungen gekappt sind, offenbart sich die Realität selbst als reines Gewahrsein.

Wie kann man persönliche Neigungen kappen? Sind Neigungen auch Illusion?

Ja, das sind sie. Aber dein Verstand ist noch nicht vollständig in diesem Verständnis gefestigt, sodass diese Aussage nicht wirklich zutreffend ist. Du begreifst es intellektuell, das ist aber nicht genug, es wird nicht lange so bleiben. Wie ein Reflex taucht die Identifikation mit dem Ego immer wieder auf, und im Handumdrehen bist du wieder in Gedanken verwickelt.

Das alles scheint eine unmögliche Situation zu sein.

Erforsche dich selbst oder vertraue auf die höchste Kraft. Die Identifikation mit dem Körper und das aktive „Ich"-Empfinden lassen den persönlichen Geist oder die Persönlichkeit entstehen.

Identität setzt eine „Ich"-Wesenheit voraus. Finde die Wesenheit, für die du dich hältst. Wenn nach ihr gesucht wird, verschwindet sie. Warum? Weil sie nicht das wahre Selbst ist – nichts anderes kann dies so offenbaren wie die Selbst-Erforschung.

Die bloße Aussage, „da ist niemand" kommt lediglich einer gedanklichen Bekräftigung gleich und hat keinen bleibenden Wert.

Du magst dies als Wissen bezeichnen, aber es ist keine verlässliche oder direkte Erfahrung.

Einige Lehrer sagen, Selbst-Erforschung sei ebenso falsch, weil sie voraussetzt, dass es da einen „jemand" gibt, der die Erforschung betreibt.

Ich habe kein Interesse daran, was andere Lehrer sagen, es sei denn, ihre Worte und ihre Gegenwärtigkeit treffen mich an dieser unwiderlegbaren Stelle. Ich bin ohnehin damit nicht einverstanden.

Es ist sehr irreführend zu sagen, dass die Erforschung auch falsch sei, weil dies voraussetzt, dass der Sucher bereits erkannt und erfasst hat, dass er die Wahrheit ist, nach welcher er sucht. Wenn der Sucher diese tiefe Erkenntnis nicht gehabt hat, bleibt dies nur ein gedankliches Konzept und er glaubt vielleicht sogar, die Wahrheit gefunden zu haben. Eine Zeit lang empfindet der Sucher große Freude und Freiheit bei dem Gedanken, dass dies genug sei, aber er verschließt die Augen vor der Wahrheit. Sein Verstand ist einfach nur entlastet, da ihm nicht abverlangt wird, seinen emotionalen und psychologischen Ballast anzugehen.

Der Sucher hat ständig eine angenommene Identität. Er ist sich der Stärke seiner Neigungen bewusst und möchte davon freikommen. Als eine Folge des Entstehens von Neigungen und wichtiger noch, der Identifikation mit ihnen, erscheint die Wahrheit verborgen und schwer erreichbar. Im Grunde halten die Neigungen oder die Gewohnheiten des menschlichen Geistes, wenn an sie geglaubt wird, das Sein sozusagen gefangen. Ist der Sucher erst einmal von der Macht der Wahrheit oder dem Energiefeld des Satsangs tief berührt oder bewegt, fängt er an, die Kraft des wahren Selbst in sich zu fühlen.

Er erfährt den Glanz der Herzenergie, die als Frieden, Raum, Freude, Freiheit und Liebe strahlt. Allerdings werden früher oder später die zum harten Kern gehörenden Dinge, die verborgenen Neigungen des Verstandes, anfangen, an die Oberfläche zu dringen. Sie bewirken, dass der Sucher Unruhe, ein Gefühl des Versagens, Ernüchterung und großes Unbehagen spürt. Er fühlt sich nun weit entfernt von dem großen Frieden, den er in sich gekostet hat, wird unsicher, isoliert sich und schreckt häufig zurück, aus Angst, von der Macht des Verstandes überwältigt zu werden.

Was kann man tun? Ich fühle mich so allein. Da ist ein Gefühl von Verzweiflung.

Wenn das Verlangen nach Befreiung stark genug ist, gibt der Sucher nicht auf. Er wird weitere Führung von einem Meister suchen. So wird der Sucher ermutigt und angeleitet werden, seine persönliche Identität aufzugeben oder zu erforschen, wer leidet oder die Auswirkungen solchen Leidens fühlt. Ein wirklicher Lehrer wird einen Rat anbieten, der dem Vermögen des Suchers entspricht, seine wahre Natur zu verstehen. Die Hilfe eines Meisters ist für den Erfolg entscheidend.

Aber du hast doch gesagt, dass das alles Illusion ist, und dann gibst du alle diese Anweisungen. Ich verstehe das nicht.

Verweile in der Ganzheit und als die Ganzheit. Spalte deinen Verstand nicht auf. Worte an sich sind nicht genug, aber von wo aus ich spreche und von was ich spreche, ist wahr und die Wahrheit selbst.

Das ist verwirrend!

Weil du nur mit dem Verstand zuhörst.

Wenn du das weißt, warum bemühst du dich, mir all das zu sagen?

Im Augenblick profitieren andere mehr als du davon. Du wirst es vielleicht zu einem späteren Zeitpunkt erfassen.

Verlasse dich nicht nur auf den rationalen Verstand. Verstand und Herz sind gefragt. Der eigentliche Zweck und Wert des Gurus liegt darin, die Bedürfnisse des Suchers zu erkennen und ihn angemessen anzuleiten, bis er sich dahin bewegt, wo er keine Hilfe oder externe Anleitung mehr braucht. Der ernsthafte Sucher muss zu der Erkenntnis kommen, dass er dasselbe wie Gewahrsein ist.

Versuche nicht, dich in irgendeine
Form zu pressen.
Das wird dir nicht gelingen.
Du musst formlos sein – leer.
Kannst du formlos sein
wie Raum, wie Wasser?
Wenn ja, dann hast du eine Chance.
Aber wie könntest du das tun?
Nun ja, in Wirklichkeit
kannst „du“ das nicht.
Du kannst lediglich
den Worten erlauben,
dich irgendwie aufzulösen,
du kannst nur der
Gnade
des Gurus erlauben,
dich auszulöschen,
so dass nur das Selbst bleibt.

Wissen muss erfahren werden

Gibt es Übungen, die ich praktizieren sollte?

Es gibt nichts, was du tun oder ändern solltest, um zu sein, was du bist. Jedoch gibt es da etwas, was du erkennen solltest, um aufzuhören zu sein, was du nicht bist: Erforsche, wer du bist. Durch Selbst-Erforschung wird das Ego-Selbst im Licht und in Gegenwart des wirklichen Sehers, des SELBST, als bloßes Hirngespinst entlarvt

Ich weiß, ich bin das. Es ist nur so, dass ich es leicht vergesse und es kommt mir so vor, als gäbe es da nichts, um mir zur Erinnerung zur verhelfen.

Es geht nicht darum, zu wissen oder zu tun, sondern zu sein. Wissen muss erfahren werden. Wenn Wissen und Erfahrung eins sind, gibt es keine Trennung mehr. Wenn sie eins sind, ist Wissen Sein. Der Verstand sollte im Herzen verankert sein. Nur dann wird Wissen zur direkten Erfahrung der Wahrheit.

Entwickle die Gewohnheit, dich selbst zu erforschen. Frage und suche innerlich ernsthaft, aber akzeptiere keine Antwort wie „Ich bin dieses oder jenes". Erlaube der Frage, ihr Licht innerhalb deines Seins erstrahlen zu lassen. Sei ruhig und wachsam. Versuche, herauszufinden, was „Ich" ist. Wer oder was ist „Ich"? Kann „Ich" objektiv betrachtet werden? Bleibe ruhig, während du die verschiedenen Gestalten betrachtest, die „Ich" annehmen kann. Manchmal kann das Blickfeld verschwommen oder inhaltslos werden. Der Ich-Gedanke könnte verschwinden. Fang aber nicht an, das zu feiern!

<*Gelächter*>

Beobachte, wie der beobachtende Kern jeglicher Aktivität unberührt bleibt von den Objekten der Aufmerksamkeit.

Finde jetzt heraus: was beobachtet das Selbstgefühl? Genauso forsche unerbittlich nach dem „Ich"-Konzept und seinem Beobachter, bis beide sich in der Stille auflösen. Das wird auf dieselbe Weise geschehen wie große Künstler ihre Arbeit ständig überdenken, oder ein guter Detektiv ständig grübelt, wie er einen Fall lösen kann – wie der Detektiv Colombo. Ebenso denkt eine Person, die sich nach Befreiung sehnt, fortwährend über die Natur des reinen SELBST nach, getrieben von einem inneren Zwang, bis nur die konzeptlose Stille des SEINS übrigbleibt.

Alles, was du sagst, ist kristallklar; allein beim Hören liegt schon soviel Kraft darin. Dennoch will mein Verstand den Gedanken nicht aufgeben, dass es da noch ein Hindernis zu überwinden gilt. Dann taucht Widerstand auf und ich habe nicht mehr den Eindruck, dass ich die Kraft habe für die Nachforschung …

Bleibe zielstrebig bei der Selbst-Erforschung, so als ob dein Leben davon abhinge, und der Widerstand wird sich sofort auflösen. Die Wirksamkeit der Selbst-Erforschung liegt in ihrer Unmittelbarkeit, das Falsche als falsch zu entlarven, woraufhin das SELBST als die unwiderlegbare Realität zurückbleibt. Wenn dein Verstand im Herzen zur Ruhe kommt, muss dich niemand mehr davon überzeugen, dass es sich hier um deine Natur und dein ursprüngliches SELBST handelt. Mit zunehmender Reife werden sich das Erkennen des Falschen und die intuitive Erfahrung des Selbst ebenso schnell einstellen, wie du dein Gesicht erkennst, wenn du in den Spiegel schaust. Schließlich bleibt der Verstand oder die Aufmerksamkeit mühelos im Herzen und somit wird allen Zweifeln und aller Verwirrung ein Ende gesetzt.

Gibt es eine Schrift, die bestätigt, wovon du hier sprichst? Hat sich irgendein anderer Meister für diese Empfehlung ausgesprochen?

Wovon ich spreche, ist nichts Neues, es ist jedoch einzigartig in dem Sinne, dass es zeitlos und immer frisch ist.

Weise aller Zeiten haben diese einfache Wahrheit entdeckt und haben zahllose Sucher zu dieser ständigen inneren Nachforschung angehalten, so dass sie die Wahrheit schließlich für sich selbst klar erkennen und bestätigen konnten. Ich sage: Höre auf herumzutrödeln! Wenn es die Wahrheit ist, nach der du dich sehnst, dann gehe ohne Zögern der Sache auf den Grund. Das bloße Herumschnüffeln bringt dich nicht voran. Finde es heraus! Ich habe dir den Weg gezeigt.

Steige mutig in die Selbst-Erforschung ein, bis all deine Zweifel aufgelöst sind.

Mooji, was bedeutet deine Frage: Kann der Seher gesehen werden?

Alle Erfahrungen ziehen vor dir vorbei. Du siehst sie. Du bist ihr Seher. Sie sehen nicht dich. Meistens identifizierst du dich mit dem Gesehenen. Deswegen fordere ich dazu auf, die Aufmerksamkeit auf den Seher selbst zu richten. Was ist der wahre Seher? Wer anderes könnte die Frage beantworten, wenn nicht der Intellekt des Sehers selbst?

Ich möchte dich fragen, kann der Seher irgendeine erkennbare Form oder Eigenschaft haben? Kannst du das sein, was Form besitzt? Kann das, was du bist, ein Objekt sein? Ist nicht das, was Form hat, ein Objekt der Wahrnehmung? Was ist die Position des Sehers, der das Gesehene sieht? Ist derjenige, der versucht klarzustellen, ob der Seher gesehen werden kann, der eigentliche Seher oder ist auch er ein Objekt im Blickfeld des Sehers? Wer ist dann der wahre Seher? Wie wird der wahre Seher identifiziert? Kann er überhaupt identifiziert werden, und wenn ja, von wem? Einem weiteren Seher? Sinne darüber tief und ernsthaft nach.

Ich kann den Seher nicht sehen.

Wer kann den Seher nicht sehen?

Ich weiß nicht ... mein Verstand?

Natürlich wird der Verstand zur Selbst-Erforschung hingezogen, und du hältst den Verstand irrtümlicherweise für den Seher. Aber er selbst wird gesehen und kann deshalb nicht der ultimative Seher sein. Verstehst du das?

Die Kraft der Frage „Kann der Seher gesehen werden?" liegt nicht darin, eine objektive Antwort zu erhalten. Die Kraft liegt in der Selbstbeobachtung, im Versuch, den Seher ohne Eigenschaften auszumachen. Diese Selbstbeobachtung verbrennt eine Menge psychischen Lärms.

Was übrigbleibt ist nur DAS, das unbestimmbare EINE, das sich selbst in diesem Körper wahrnimmt. Diese Erkenntnis ist nicht-phänomenal, weil das Seher-SELBST bildlos ist. Bilder werden in diesem einen SELBST wahrgenommen, da es sonst keinen gibt, der ein Bild als Phänomen wahrnehmen könnte. Wenn der Verstand der Wahrnehmende der Bilder ist, dann ist der Seher der Wahrnehmende des Verstandes. Kannst du dem folgen?

Wenn du dich voll und ganz dieser Erforschung hingibst, wirst du in das tiefe Mysterium des Universums geführt. Eine solche Wirkkraft hat die Selbst-Erforschung, dass sich durch das Ausfindigmachen des Sehers unwillkürlich Offenbarungen einstellen. Du fängst an, die Großartigkeit und Unermesslichkeit des unsterblichen SEINS zu fühlen, das im Körper wohnt. Bevor diese Erkenntnis erfolgt, lebt und erscheint der Mensch in der Kostümierung als Person. Das Höchste an sich spielt und stellt sich selbst als das alles dar. Es spielt den Dummkopf und den Weisen gleichermaßen, bleibt dabei jedoch unberührt – unveränderlich.

Wenn das Wesen von sich selbst als Reisendem träumt, der auf dem Weg ist, sein eigenes Selbst zu finden, scheint es so stark an seine Identität als ein Sucher zu glauben, dass es nicht einmal bemerkt, dass es sich sinnlos im Kreis dreht. Deshalb wird es, wenn es die endgültige Wahrheit betrachtet, sie zuerst nur abstrakt begreifen, und es kann Angst auftauchen: „Wenn ich da tiefer hineingehe und dies entdecke, könnte ich verschwinden."

Etwas lacht über dieses Spiel, aber du hörst es nicht. Vielleicht lacht es über seine eigene Erhabenheit. Es ist kein zynisches Lachen, es ist göttliches Lachen. Ich bin mir sicher, Gott erfreut sich an seinen eigenen Tricks, „Wer außer mir könnte solch ein Spiel erschaffen?"

Ich sage dir, es gibt einen Raum, den du nur betreten kannst, wenn du deinen Verstand draußen lässt und beständig am inneren SEIN festhältst. Ich werde dir dort begegnen.

Zu versuchen,
den Verstand anzuhalten,
ist, als würde man
versuchen,
den als Drachen
verkleideten
Wind
anzuhalten.

Ich bin Das

Einst lebte ein König, der nach Erleuchtung strebte. Er fühlte sich zutiefst zur spirituellen Philosophie des Advaita hingezogen, die betont, dass nur eine ungeteilte und allumfassende Realität existiert und diese das ist, was wir sind. Der König liebte spirituelle Gespräche und hatte Freude daran, in der Gesellschaft von Heiligen und Weisen zu sein.

Eines Tages stand ein nackter Mönch vor der Pforte des Palastes. Er hatte sehr lange Haare und lange, krumme Fingernägel und trug nur einen Stock bei sich. Er hatte das Aussehen eines wilden Waldbewohners. Er klopfte dreimal an das große Tor des Palastes.

Der Wächter öffnete die Tür und fragte ihn, nachdem er ihn von Kopf bis Fuß gemustert hatte: „Was willst du?"

„Ich habe eine Verabredung mit dem König", sagte der Mönch.

„Warte hier", erwiderte der Wächter und schloss die Tür.

„Mein Herr", berichtete der Wächter dem König, „draußen steht ein nackter Mönch. Er sagt, er habe eine Verabredung mit eurer Majestät."

Der König liebte lustige Streiche, aber dieses Mal war er etwas verdutzt und gab dem Wächter die Anweisung, den Fremden zu fragen, ob er einer der königlichen Minister sei.

Somit kehrte der Wächter zur Pforte zurück und fragte den Mönch: „Bist du einer der königlichen Minister?"

Der Mönch schüttelte langsam den Kopf, zeigte mit seinem Finger zum Himmel und antwortete: „Höher als das."

Der Wächter berichtete dem König, „Er sagt, er ist höher als das, eure Majestät."

„Höher als ein Minister? Ist er mein Staatsrat?"

„Bist du der Staatsrat des Königs?“, fragte der Wächter, als er zum Eingang des Palastes zurückkehrte.

Und wieder kam die Antwort: „Höher als das.“

„Eure Majestät, der nackte Mönch sagt, er sei höher als das“, erzählte der Wächter dem König.

„Höher als der Staatsrat? Ist er ein Priester oder ein Prophet?“, fragte der König nach.

„Bist du ein Priester oder ein Prophet?“, versuchte der Wächter zu erfragen.

„Höher als das“, zeigte der ausgestreckte Finger.

„Höher als ein Prophet?“, fragte der König, und richtete sich jetzt auf, „Dann muss er der König eines anderen Landes sein.“

„Bist du ein König aus einem anderen Land?“, fragte der Wächter, den Mönch mit einiger Skepsis betrachtend.

„Höher als das“, war wieder die Erwiderung.

Als der Wächter dem König dieses berichtete, erhob sich der König zu seiner vollen Größe, raffte seine Gewänder und begab sich selbst hinunter zum Tor des Palastes.

„Über dem König gibt es nur Gott“, erklärte der König, als er den Mönch im Mondlicht stehen sah. „Bist du Gott?“

Es trat eine ausgedehnte, intensive Stille ein.

Schließlich erwiderte der Mönch: „Höher als das.“ Seine Augen füllten sich mit einem unermesslichen Glanz.

Der König war betroffen über die Stärke und die Gegenwart des fremden Mönchs, konnte aber seine Neugier nicht zurückhalten.

„Was!?“ rief er mit Überraschung und Ehrfurcht aus. „Nichts ist höher als Gott!“

Ein feines Lächeln breitete sich auf dem strahlenden Gesicht des Mönches aus.

„Ich bin – Das“, war die verblüffende Erwiderung.

Als der König diese Worte hörte, wich die Energie aus seinem Körper und er fiel bewusstlos zu Boden. Die königlichen Diener trugen seinen Körper in sein Gemach, wo er eine ganze Woche in tiefem Schlaf verbrachte.

Schließlich erwachte er plötzlich am Morgen des achten Tages. Die Angestellten brachten seine königlichen Gewänder, der König wollte sie aber nicht anlegen.

„Gebt sie meinem Sohn“, ordnete er an. „Meine Arbeit hier ist getan. Ich mache mich auf die Suche nach diesem Einen, der jenseits von allem ist.“

Wenn mir
etwas geschieht,
muss es auch
Gott geschehen,
weil ich
in Gottes Hand bin.
Ich bin in Gottes Herzen
und Gott
kann nichts
geschehen.

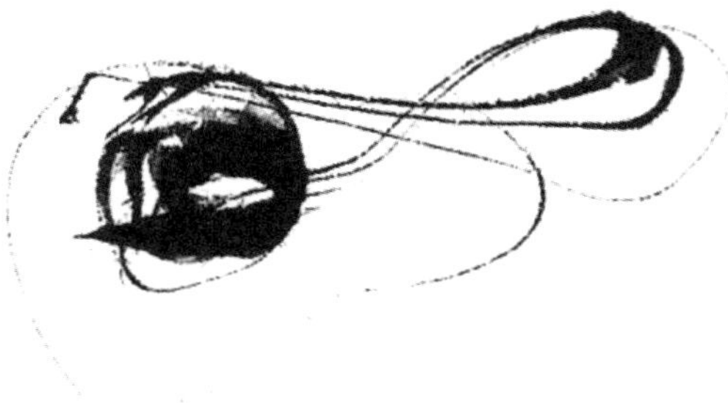

Das seine Gestalt verändernde „Ich“

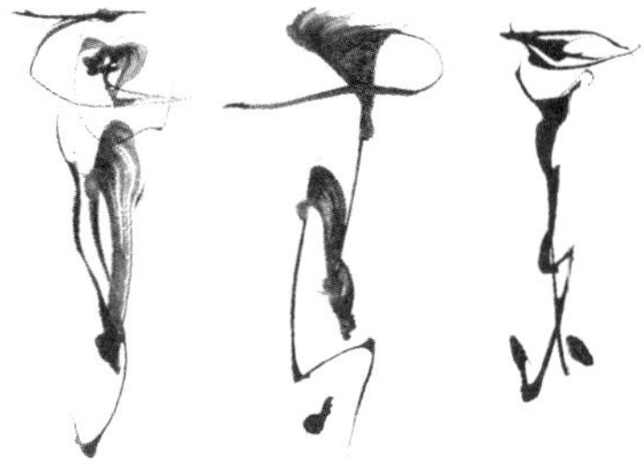

Wenn du sagst, fixiere die Aufmerksamkeit im Herzen, taucht der Gedanke auf: Egal, was ich mache, ich bin identifiziert mit einem „Ich“.

Es genügt zu wissen, dass etwas viel Subtileres jenseits davon und dahinterliegt, wenn das Gefühl von „Ich bin“ als Phänomen erkannt wird. Wenn du nach diesem „Etwas“ dahinter suchst, wirst du keine objektive Wesenheit finden. Der Sucher und das Gesuchte verschmelzen im Einssein und alles, was übrigbleibt, ist grenzenlose Stille und intuitive Präsenz. Der Rat derjenigen, die das erkennen, ist: „Sei dort. Sei das.“

Nun – gibt es da noch etwas hinzuzufügen?

<Lange Stille>

Es gibt eine Art totales „Ich“.

Bei deiner Eile es zu benennen, wird das „Ich“ zu einem Konzept, bevor es Zeit hatte, innerlich aufgenommen zu werden. Was drängt danach, es zu benennen?

Mache die Ursache dieses Dranges oder dieser Tendenz, die Wahrnehmung zu benennen, einzuschätzen oder zu bewerten, ausfindig. Am wichtigsten Punkt des Erkennens, einem Augenblick ohne

Worte, taucht dann etwas auf wie: „Ja, es gibt ein ‚Ich', ein totales ‚Ich'" oder eine ähnliche Bemerkung. Identifiziere dich nicht mit diesem Gedanken. Stattdessen forsche nach: was gibt diese Antwort?

Es wird klar werden, dass es immer noch das Ego ist, das eine Trennung, eine Distanz zwischen „Ich" und dem Selbst herstellt, bis es als Nichts erkannt wird, als wirklich Nichts.

Sollte das nicht beantwortet werden, wird die Hypnose der Identifizierung unentdeckt bleiben. Überprüfe deine Annahmen, bis sie lediglich als Gedanken entlarvt und erkannt werden, alle Gedanken, einschließlich desjenigen, der von ihnen betroffen zu sein scheint. Dieses psychologische „Ich" ist auch ein Gedanke. Im Laufe des Lebens dieses Körpers hat etwas Millionen Mal „Ich" gesagt. Aber wenn jemand gefragt wird: „Wo oder was ist ‚Ich'?" – kann es niemand sagen.

Wirkliche Entdeckung des Selbst ist die Erkenntnis und Verwirklichung dessen, was dieses „Ich" ist. Die uneingeschränkte Erkenntnis, dass das „Ich" das „Höchste Selbst" ist und nicht eine „Person" und dass du dieser Eine bist, wird Befreiung genannt. Eine nur vage Vorstellung vom „Ich" ist die Trumpfkarte im Ärmel des Verstandes und wird oft übersehen oder nicht beachtet.

Das „Ich" ist der Meisterdieb in Person. Es ist der Dieb, von dem Ramana sagt, dass er sich mit einer Polizeiuniform bekleidet aufmacht, den Dieb zu fangen, der er selbst ist! Natürlich wird der Dieb so nicht gefangen werden. Der als Polizist verkleidete Dieb wird herumrennen, in seine Pfeife blasen und vorgeben, dass er ernsthaft nach dem Dieb fahnden würde. Aber niemals wird er sich selbst ins Gefängnis werfen. Das Ego wird und kann das Ego nicht umbringen. Es ist nicht wirklich! Das gilt auch für diesen Dieb – wer ist er wirklich? Dieses die Form wechselnde „Ich" entpuppt sich, wenn es erforscht wird, lediglich als Gedanke – der vertrauteste und ursprünglichste Gedanke in der Schöpfung.

Ich denke, ich habe verschiedene Identitäten, die alle gleichzeitig spielen. Ich betrachte jede als einen Teil des einen Selbst, das ich bin.

Ganz gleich, welche Vorstellungen du von dir selber hast, für wie begründet, für wie genau oder objektiv du sie auch halten magst, sie können nicht wahr sein, können nicht das, was du bist, beinhalten, vermitteln oder darstellen.

Ideen, Gefühle und Meinungen sind unbeständig, sie können nicht beständiger sein als ihr Beobachter. Ziehe deine Aufmerksamkeit von den Objekten der Wahrnehmung ab und lasse sie nur beim beobachtenden Gewahrsein ruhen. Wer bist du hier und jetzt?

Ich bin Nichts.

Ja, du bist kein Ding. Du bist kein Körper. Ist das eine schmerzhafte oder enttäuschende Entdeckung?

Wenn die Aufmerksamkeit im Herzen ruht, herrschen höchste Zufriedenheit, Frieden und Freude vor. Das ist die Verwirklichung des SELBST. Die Mehrzahl der Leute würde verletzt und beleidigt sein, wenn du zu ihnen sagen würdest: „Du bist niemand." „Warum sagst du das? Was glaubst du, mit wem du eigentlich sprichst?", würden sie rufen und mit dir zu streiten anfangen. Wenn du aber zu einem Weisen sagst: „Du bist niemand, du bist nichts", wird er erwidern: „Danke, dass du mich erinnerst", obwohl er in Wahrheit nicht erinnert werden muss.

Mein Meister hat oft gesagt: „Du benötigst nichts, um glücklich zu sein – du benötigst etwas, um traurig zu sein." Solange du mit der Welt von „Etwas" beschäftigt bist, wird Frieden schwer erreichbar sein. Wenn das Ego bestehen bleibt, wird immer das Bedürfnis nach einer weiteren Reise bestehen bleiben, nach einem anderen Buch, einem weiteren Kurs, einer neuen Chance oder nach einem weiteren Tag.

Deine Sichtweise ist vom konditionierten Verstand geformt und beeinflusst. Deshalb scheinst du stets ein, zwei, drei Schritte von dem SELBST, deinem Ziel, entfernt zu sein. Natürlich ist das nicht wahr, es fühlt sich aber für dich wahr an, weil du das, was du bist, ans Ende von irgendwelchen Bemühungen setzt.

Der Verstand trickst dich leicht mit seinen Versprechungen aus, weil du darauf brennst, mit seinen Vorschlägen zu kooperieren. Wahre Einsicht entspringt der Leere.

So, noch einmal, an was hältst du gerade jetzt fest?

An der Idee, dass es nötig ist, etwas zu tun.

Aktivitäten werden weiterhin vonstatten gehen. Sie sind die spontanen Ausdrucksformen des Universums und stehen mit der Wahrheit nicht in Konflikt. Aber das „Es ist nötig, etwas zu tun" ist ein Gedanke, ein sehr üblicher, ausdauernder und glaubwürdiger Gedanke. Wir stellen selten solche Gedanken in Frage.

Unsere Kultur trainiert uns, nach dem zu streben und uns darum zu bemühen, was in Wahrheit das Natürlichste ist und bereits mühelos in uns selbst vorhanden ist. Sie stellt die SELBST-Entdeckung, das SELBST-Gewahrsein, als eine poetische Fantasie oder als ein ernsthaftes Bemühen dar – nur von wenigen zu erreichen. Deshalb scheint die Notwendigkeit, zu handeln, etwas zu tun, nach einem weit entfernten Ziel zu streben, unvermeidbar zu sein.

Eine uns vertraute Stimme sagt: „All dies hört sich wahr an, ich werde einige Nachforschungen anstellen, um etwas über diese neue Philosophie zu lernen. Sie gibt viele großartige Einsichten und Lehren, die besten, von denen ich gehört habe. Das wird mir ohne Zweifel auf meiner Reise helfen." Und du glaubst es sofort und unhinterfragt. In genau diesem Augenblick scheiden sich die Wasser; das Gefühl von Trennung wird noch fester zementiert. Somit ist eine Reise geboren.

Du bist wie der leere Raum, in dem der Wind bläst. Die Natur des Windes ist es, sich von Ort zu Ort zu bewegen, während Raum unendlich und still ist, und da er unendlich ist, ist er auch nicht zur kleinsten Bewegung fähig. Es gibt keinen Wind ohne Raum, aber es gibt Raum ohne Wind. Raum wird durch Wind nicht gestört. Weder eine leichte Brise noch ein Hurrikan berühren ihn. Du, das SELBST, bist ähnlich wie der Raum, unendlich und unbewegt, aber du identifizierst dich mit den Bewegungen des „Wind-Verstandes", der in dir seine Spiele treibt, und vergisst deine wahre Natur.

Manchmal bläst der Wind wie ein Tornado. Wie kann ich ihn beruhigen? Es erscheint unmöglich. Nicht einmal Meditation hilft.

Auch wenn der Wind zu einem Tornado wird – wie könnte er den Raum beeinträchtigen oder stören? Sinne darüber nach.

Du meditierst und unternimmst alle möglichen Dinge, um deinen Verstand zur Ruhe zu bringen. Ich möchte dich fragen: Ist Raum mehr raumartig, wenn kein Wind bläst?

Das zu wissen befreit von den illusorischen Bemühungen, den „Wind-Verstand" zu kontrollieren. Sei Raum und lass den Wind blasen, wie er will.

Das ist das Geheimnis, das mein Meister mir offenbart hat. Bleibe das allgegenwärtige Gewahrsein. Den Verstand zu kennen und zu verstehen, überwindet den Verstand. Der Verstand ist Wind und Welle, das SELBST ist Ozean oder Raum. Identifiziere das „Ich" mit Ozean, mit Raum, nicht mit Welle oder Wind, und du bist sofort aus der „Ich"-Falle heraus.

Besser noch, identifiziere dich mit nichts und bleibe wie du bist. Keiner kann das „Ich" entfernen, deshalb akzeptiere „Ich" als das SELBST und Gott und alles wird darin eingeschlossen sein. Wo es nur eines gibt, kann es keine Angst mehr geben. Betrachte das „Ich" als das unpersönliche SELBST und nicht als das persönliche Ego.

Was bleibt jetzt?

Nichts ... nur ... ein paar Gefühle steigen auf ...

Ja, jetzt entstammen deine Worte der Wahrheit. Verbleibe als das Nichts-Sein, jenseits des Konzeptes von Nichts-Sein. Lasse Gedanken entstehen, aber nähre sie nicht. Wenn du nämlich sagst: „Jetzt muss ich die Gedanken geschehen lassen", kann sich der Verstand das schnell wieder zur neuen Aufgabe machen. Lasse auftauchen, was auftauchen will, und überlasse es sich selbst, ohne dich zu beteiligen.

Mein Herz ist in vollkommenem Frieden.

Die Aufmerksamkeit ist in der Quelle aufgegangen, dem SELBST. Es gibt weder Interesse, noch Desinteresse. Es ist ein Zustand von müheloser Unberührtheit. Deshalb bist du glücklich.

Wenn du deine Aufmerksamkeit mit etwas verbindest, gibst du diesem Etwas Leben.

Das muss nicht heißen, dass du dich nicht an schönen Blumen, am Strand, an der Sonne, an leckerem Essen erfreuen sollst, auch nicht, dass du nicht eine Wahl treffen kannst, zu schlafen oder zu schwimmen. Sei dir ganz klar darüber. Das Spiel der Wahl ist ein natürlicher Ausdruck des „SELBST" in der Manifestation. Sei natürlich, sei in jeder Situation du selbst mit allem, fühle dich mit allem wohl! Sei kein Heuchler. Erkenne, dass alles, was sich im Bewusstsein zeigt, ein verspielter, vorübergehender und oberflächlicher Ausdruck ist und nicht eine Definition dessen, was ist. Es mag der spielerische Ausdruck der uralten Konditionierung auf der Körper-Verstand-Ebene sein, aber du bist rein und jenseits aller Definitionen.

Verweile hier.

Im Inneren gibt es einen Raum,
der völlig leer ist.
Das ist der wahre
Tempel
des Nichts-Seins.
Du stellst dir vor,
dass dich das
zu einem Narren macht,
stattdessen bist du ein Narr,
wenn du das
nicht erkennst
und bist.

Erkenne zuerst dein wahres Selbst

Ich habe ein Problem mit den Ideen von „Du“ und „Ich“.

Lass „Du“ und „Ich“ bestehen. Finde zuerst heraus, wer du bist!

Wenn wir klar sehen, dass wir eins sind...

Was meinst du damit? In welcher Hinsicht sind wir eins?

Wir teilen alles...

Teilen bedeutet, da sind zwei oder mehr. Wir? Was ist dieses „Wir“? Was ist eine Person? Was teilen wir? Wenn du dir eine andere Person anschaust, was ist es, das du siehst?

Ein Bündel von Illusionen, Leiden, Träume.

<Stille>

Du kannst ein sogenanntes spirituelles Leben haben, aber dennoch in Unwissenheit leben. Wer bist du? Das ist die verheißungsvollste Frage, die sich einstellen kann. Entferne dich nicht von ihr. Viele finden sie höchst irritierend. Vielleicht erklärt das, warum so wenige zu meinen Satsangs kommen.

<Gelächter>

Am Anfang dachte ich, viele würden kommen und auf der Suche nach Freiheit würde einer über den anderen klettern, aber... wo sind sie? Wer möchte wirklich frei sein?

Wenn du dich selbst als ein „Ich“ ansiehst, als eine Person, siehst du die anderen auch als „Du“ an, als „Er“ oder „Sie“. Deshalb ist die Aussage wahr: „Ich sehe die Welt nicht, wie sie ist, ich sehe die Welt, wie ich bin.“ Die ganze Welt einschließlich des Wahrnehmenden ist ein großer Schein.

Schaue tief in das „Ich“ hinein, von dem du glaubst, dass du es bist. Du weißt nicht, wie du etwas weißt. Wir wissen nicht, was Wissen ist, und wir wissen nicht, was es zu wissen gibt. Ich frage: Was ist eigentlich der Ursprung des Verstandes? In was entsteht er?

Denke nicht, stell dir nichts vor. Schau lediglich! Bleibe bei dieser Nachforschung. Wenn du dieser Frage mit Sehnsucht und Entschiedenheit nachgehst, fühlt es sich so an, als säßest du auf dem Rücken eines wilden Pferdes. Es wird versuchen, dich abzuwerfen, aber du bleibst entschieden bei der Nachforschung. Der Verstand wird beobachtet. Was beobachtet den Verstand?

Wenn unsere grundlegenden Annahmen über das, was wir sind, nicht in Frage gestellt werden, wird der Verstand unsere Identität sein. Etwas ist dem Verstand vorgelagert und beobachtet den Verstand, kennt seine Schwingungen, bleibt jedoch unbefleckt von ihm. Was ist das? Kann es etwas anderes sein als du – das alleinige Selbst?

<Stille>

Kannst du etwas über die Liebe sagen?

Liebe ist Leben und Leben ist Liebe. Du liebst dich selbst vor allem anderen. Diese Liebe ist die Liebe und Freude am Dasein, die Freude zu leben – die erste Anhaftung. Sie zeigt sich, wenn die Identifikation mit dem jeweiligen Körper geschehen ist. Davor hattest du nur die Intuition, „Ich Bin“, eine unpersönliche Präsenz.

Später identifizierst du dich mit dem Körper und fühlst, „Ich bin dieser Körper“. Das ist die Einführung und die Geburt des Egos, des „Ich“, des unwahren Selbst. Erst Selbst-Liebe, dann Liebe, Hass oder Gleichgültigkeit anderen gegenüber, aber . . . ich vermute, du hast gehofft, etwas über intime Beziehungen und emotionales Liebesleben zu hören.

<Gelächter>

Ja. Warum sind Beziehungen so herausfordernd, schmerzvoll und voller Auseinandersetzungen?

Weil du dein eigenes Selbst nicht kennst. Du hältst dich für das bedürftige Ego, deshalb möchtest du immer noch etwas „anderes“. Du bist nicht mit dir selbst zufrieden. Fälschlicherweise nimmst du an, dass deine Sehnsucht nach Ganzheit von anderen gestillt werden kann. Ganzheit kann jedoch nur verwirklicht werden, wenn du weißt, wer du in Wahrheit bist. Du glaubst, dass Beziehungen dich glücklich machen. Das scheinen sie auch zu tun, solange sie mit deinen Projektionen übereinstimmen.

Ich würde gerne die richtige Balance finden.

Vergiss das alles! Der Verstand verursacht all diesen Ärger. Er will immer mehr und mehr. Er ist nie zufriedengestellt. So viele Gedanken, so viele Wünsche und Projektionen – es hört nie auf! Der Bauch der Wünsche ist nie satt. Erkenne zuerst dein wahres Selbst, dann wird der Rest dich nicht mehr belästigen.

Leben heißt, Wünsche haben. Wie kann man ohne Wünsche leben?

Quatsch! Du weißt nicht, was du da sagst. Der Verstand ist voller Wünsche, du bist aber nicht der Verstand. Du hast Kenntnis vom Verstand; deswegen bist du vor ihm da, du bist getrennt von ihm. Finde dieses Verständnis, dann wirst du mit großem Entzücken entdecken, dass du diese unberührte Gegenwärtigkeit bist.

Du lebst gut ohne Verstand. Gebrauche deinen Verstand nur für praktische Angelegenheiten. Das ist der beste Einsatz des Verstandes.

Ich habe gehört, dass viele Weise Partner hatten.

Das ist wahr. Was ist daran falsch? Sie erfreuten sich aneinander ohne Anhaftung, wenn das so für sie vorgesehen war. Manche von ihnen litten und mussten weggehen, um ihren Frieden und ihre geistige Gesundheit zu bewahren. Da sie wussten, dass dies nur das Spiel ihres Karmas war, blieb ihr Verstand trotzdem weiter verschmolzen mit dem Herzen des SEINS. Deine Vorstellung über Beziehungen beruht auf Wünschen und starker Anhaftung an Körper und Verstand. Deshalb leidest du – die Weisen litten nicht. Erwachte Menschen lassen derartige Vorstellungen los. Ihr Geist ist leer wie Raum, frei von persönlicher Identifikation.

Du
kannst nicht heimreisen,
weil du
bereits dort bist,
aber ohne dir
dessen bewusst zu sein.
So ist eine Reise geboren
und geht erst zu Ende,
wenn der Traum
„Ich bin eine Person“
vorüber ist.
Dies verstehend –
wache auf
als das schlaflose Selbst!

Strebe nach Gold

Oft tauchen Gedanken auf, aber sie lenken uns nicht ab, weil wir keinerlei Interesse an ihnen haben. Wir quälen uns nur dann mit Gedanken und Gefühlen herum, wenn sie Bedeutung für uns haben. Erst nachdem wir eine persönliche Beziehung zu ihnen hergestellt haben, können sie über unsere Aufmerksamkeit verfügen und sie beschäftigen. Das führt zu einem leichten hypnotischen Zustand, in welchem sich unsere Aufmerksamkeit in einen Strom von Gedanken und Gefühlen eingeklinkt hat, welcher sich rasch zu einem emotionalen Zustand von Verwirrung und Ruhelosigkeit ausweiten kann. Wir leiden, weil wir von unserem wahren Selbst abgelenkt sind. Können wir aber nicht auch dieses Abschweifen unserer Aufmerksamkeit wahrnehmen? In diesem Moment sind wir noch nicht innerhalb des träumenden Geistes, sondern wir sind sein Beobachter. Wenn wir uns nicht einloggen, werden die Gedankenströme schnell aufhören.

Was Gedanken angeht, brauchen wir nicht in Panik zu geraten oder uns vor ihnen fürchten; denn die Gedankenaktivität ist das natürliche Auftreten der Lebenskraft, in ihrem Ausdruck durch das menschliche Instrument. Es ist unsere irrtümliche Identifikation mit dem „Ich"-Gedanken, dem Ursprungsgedanken, die anderen Gedanken erlaubt, sich in unserem Sein einzunisten. Der ernsthafte Sucher muss die Gewohnheit des Beobachtens entwickeln, ohne sich mit dem Phänomen, das als Verstand auftaucht, zu identifizieren. Auf diese Weise werden die Gedanken selbst dazu benutzt, das Ego-Selbst zu entlarven. Wenn endlich der Samen-Gedanke, der als Ego fungiert, herausgefiltert ist, bleibt reines Sehen übrig. Wenn die Wahrheit im Herzen erkannt und bestätigt ist, scheint der Verstand die Seiten zu wechseln, indem er in den Dienst des Herrn eintritt und dessen Willen erfüllt.

Wie können wir diesen Zustand erreichen? Gedanken scheinen so unerbittlich zu sein.

Verweile als die raumartige Intelligenz, als das Sein, das ohne persönliches Interesse oder Engagement sieht. Von Natur aus formlos ist es unfähig, sich zu verbinden. Erkenne und bestätige seine Gegenwart, es ist schon immer hier als der Seinsgrund. Sei eins mit ihm.

Die Aufmerksamkeit driftet leicht vom Kurs ab.

Jedes Mal, wenn sich die Aufmerksamkeit nach außen bewegt, bring sie zurück nach innen, wo sie im Gewahrsein aufgeht. Am Anfang könnte es ein wenig Widerstand und Unbehagen geben, das wird sich aber allmählich geben, sobald die Stille in den Vordergrund gelangt. Das ist die Frucht von unbeteiligtem oder passivem Beobachten.

Allmählich wird es mühelos und natürlich, indem es in einen ununterbrochenen Zustand von Raum, Frieden und Freude übergeht. Unbeteiligte Selbst-Erforschung enttarnt die persönliche Identität als Mythos. Sie lässt das SELBST in einem Zustand von passiver und panoramaartiger Wahrnehmung zurück, frei von der Last, die durch das personalisierte Sehen verursacht wurde.

Allmählich beginnt das ungeheure Gerüst von Konditionierungen und Konzepten, die scheinbar das SELBST verhüllt haben, sich wieder abzubauen, bis seine verbergende Kraft neutralisiert ist.

Reduziere dich nicht auf einen Zustand, auch wenn er noch so angenehm ist. Begnüge dich nicht mit Bronze. Mit „Bronze“ meine ich spirituelles Wissen, kurzfristige Glückszustände und paranormale Erfahrungen. Finde die eine Basis von all diesen Zuständen, die eine, die bewegungslos, ungeteilt, unberührt von Ereignissen in Raum und Zeit ist. Strebe nach Gold!

Und ich dachte, dass du uns erzählt hast, nirgendwo hinzugehen, dass wir schon da sind!

<*Gelächter*>

Das ist das eine und einzige Rennen, das du dadurch gewinnen wirst, dass du nirgendwo hingehst!

<*Gelächter*>

Geliebter Vater,

es macht nichts,
wenn Du mich
zurückweist oder verbannst;
denn wohin ich auch gehen mag,
es kann keinen Ort geben,
an dem du nicht sein kannst.

Subtiler als ein Gedanke

Ich weiß, dass ich nicht das bin, was im Bewusstsein erscheint, sondern dass ich Zeuge bin und keine Form habe. Nichtsdestotrotz scheint die Kraft der Verstandesinhalte immer weiter zu hämmern und scheint nicht schwächer zu werden.

Dieses Wissen nenne ich „nicht hinuntergeschlucktes Essen“. Es ist verstandesmäßig, und nicht die vollständige Erfahrung der Wahrheit. Wenn du, wie du sagst, nur der Zeuge bist – und wir haben gesehen, dass der Zeuge unpersönlich und formlos ist – wen gibt es dann noch, der durch irgendwelche Inhalte des Verstandes betroffen und gestört werden könnte?

Niemand. Aber...

Halte hier an! Wo ist da Raum für „aber“? Wer sagt denn „aber...“? Wer sagt „niemand“? Kann irgendeine Antwort korrekt sein?

Es gibt keine Antwort auf die Frage: „Wer bin ich?“ Warum? Weil die Frage eine subjektive ist, eine Suche nach dem Subjekt, und sie kann mit einer objektiven Antwort nicht zufriedenstellend beantwortet werden. Das Subjekt, das, was ich wirklich bin, kann nicht durch eine Antwort, die nur ein Konzept ist, erfasst oder vermittelt werden.

Der Fragesteller zusammen mit jeder Antwort sollte als der Verstand erkannt und daher als unwahr zurückgewiesen werden, als ein Objekt im Blickfeld des Denkers. Ich bin das, was den Verstand beobachtet, deshalb bin ich vorher da, subtiler als ein Gedanke und ganz ohne Form.

Deshalb musst du da haltmachen, wenn du sagst, dass es da niemanden gibt. Versinke darin und sei eins damit. Komm und ruhe im Zeugnis deiner eigenen Entdeckung, die offenbart: Ich bin niemand und nichts.

Nur das Nichts existiert. Das ist die Bestätigung.

Nach dieser subtilen, intuitiven Erkenntnis verschwindet alles in der Leere. Nur Leere bleibt übrig. Erfahre dich in Dem und erfreue dich daran.

Wenn dein Verstand und deine Sinne
sich verlangsamen
auf die Strömung des Herzens,
dann bist du spontan
in Harmonie
mit dem kosmischen Rhythmus.
Du beginnst, mit göttlichen Augen zu sehen,
und beobachtest, dass sich alles
in seinem eigenen
wunderbaren Tempo entfaltet.
Durch das Erkennen
deiner natürlichen Synchronizität
mit dem kosmischen Gesetz,
erfährst du,
dass du dich
von der Welt und ihrem Herrn
nicht unterscheidest.

Das ist Freiheit.

Vergiss das alles

Es gibt einige Bereiche, die meine Aufmerksamkeit beanspruchen, z.B. die Beziehung zu meiner Familie.

Alles, was deine Aufmerksamkeit fesselt, wird zu deiner Erfahrung. Es gibt eine Art Gewohnheit und Bequemlichkeit, darin verwickelt zu werden, und das Resultat ist, dass du dich als „jemand" fühlst.

Warum geschieht das?

Die Aufmerksamkeit folgt den Gewohnheiten. Ich glaube, dass alle die Spiritualität betreffenden Fragen auf diesen Punkt hinauslaufen – nämlich die Gewohnheit, unser Bewusstsein mit der Persönlichkeit zu identifizieren und infolgedessen zu leiden. Manche unbewusste Neigungen können deine Aufmerksamkeit fesseln, was zu einem Zustand von Unruhe führt, und du strengst dich an, die Gefühle zu manipulieren oder sie zu unterdrücken, um Schmerzen zu vermeiden.

Wenn wir sehen, dass die Vergangenheit ins Spiel kommt – können wir sie einfach gehen lassen?

Das scheint eine sehr gute Frage zu sein. Wenn ich diese Art von Fragen zulasse, dann kooperiere ich mit einer Vorstellung, die nicht wahr ist, dass es ein „Du" gibt, welches dein Leben lebt. Wenn du glaubst, dass du ein „jemand" bist, der aus der Vergangenheit heraus handelt, verfestigst du diese falsche Identität.

Finde heraus, wer es ist, der Dinge auf diese Weise sieht. Wer ist es, der handelt und reagiert? Gibt es da wirklich ein tatsächliches „Ich", das diese Konditionierung hat?

Frage nicht nur, um von der Last der Konditionierung oder vom Unbehagen über die egoistischen Neigungen und Spiele frei zu werden, sondern um wirklich zu sehen, ob du das bist. Suche nach dem, was keine Familie hat, kein Geschlecht, keine Vergangenheit. Gehe über alle Verbindungen hinaus, bis du allein ohne persönliches Selbst zurückbleibst. Das Problem ist nicht die Rolle selbst, sondern der Glaube an sie.

Ja. Aber, um nur ein Beispiel zu nennen, in meiner Familie sehen sie mich als Person.

Du hast keine Kontrolle darüber, was andere denken oder tun. Du bürdest dir nur eine Last auf, wenn du versuchst, das zu ändern. Sei einfach ehrlich und wahrhaftig im Augenblick.

Das „Ich“ hat Assoziationen aus der Vergangenheit und Projektionen in die Zukunft; es spielt eine Rolle, und wegen des Glaubens an diese Rolle und der Identifizierung mit ihr wird das Bewusstsein in der Identität als Geisel gehalten.

Wer ist „Ich“ und wo genau ist „Ich“ in diesem Augenblick? Kann „Ich“ irgendein Gegenstand sein? Was würde das sein? Solche Fragen führen das Bewusstsein in die Leere zurück, in ihre Quelle. Durch Satsang hast du die Chance, dein Selbst unmittelbar zu erkennen, also das, was zeitlos und unwandelbar ist, zu entdecken.

Warum vergessen wir unsere Natur?

Das, was wir wirklich sind, vergisst nicht. Es ist ihm nicht möglich, sich zu erinnern oder zu vergessen.

Mooji, warum ist mir so, als hätte ich einen falschen Schritt gemacht?

Ich sehe nichts als falschen Schritt an. Alles ist wirklich perfekt! Diese Idee hält dich als Geisel und es ist nichts weiter als eine Erfindung deines Verstandes!

Höre auf dir vorzustellen, dass du dich erschaffst. Es gibt kein eigentliches, tatsächliches „Du“, nichts ist in irgendeiner Art vorhanden, es sei denn als bloße Vorstellung. Der Seher davon ist die einzige Realität, die wir sind.

Der Verstand nimmt Leere als Untätigkeit wahr, als Machtlosigkeit, persönliche Nichtexistenz. Er erkennt nicht, dass in der Leere Reinheit, Friede und völlige Zufriedenheit des Seins liegen. Sogar jetzt ist dem so. Genau jetzt, wo du diese Fragen stellst, ist derjenige, der spricht, auch derjenige, der zuhört. Dieser Eine ist immer zufrieden.

Es gibt ein Stadium bei der Selbst-Erforschung, das sich recht verrückt anfühlen kann, weil sogar die subtilsten Empfindungen untersucht werden. Allmählich hört diese Art von Eifer auf, und lediglich das Erforschen bleibt übrig, ohne einen Erforscher. Wer erforscht? Niemand erforscht.

Das kann nicht rational verstanden werden. Es kann auch nicht wirklich erklärt werden, und du selbst kannst es auch nicht herausfinden, weil du nie getrennt warst. Paradoxes und Rätsel existieren nur für den Verstand. Du bist das, was alle Paradoxien enthält.

Du hast zu mir gesagt: „Schau nicht mit dem Verstand, schau mit dem Herzen.“ Ich weiß nicht, wie das gehen soll, „mit dem Herzen sehen“.

Wer ist dieses „Ich“, das sagt: „Ich weiß nicht, wie das geht, mit dem Herzen zu sehen?“ Dieses „Ich“ ist die Arroganz selbst.

Vergiss für einen Augenblick alles, was du je gehört oder gelesen hast. Vergiss einfach alles. Ich erwarte nicht, dass da ein persönliches „Du" ist, das diese Anleitung versteht, erinnert und ausführt. Das Verstehen geschieht ganz einfach, spontan und automatisch in einem Verstand, der sich hingegeben hat. Der persönliche Verstand ist wie ein Wollknäuel, das sich verknotet hat, und immer jammert, wenn es zum Satsang kommt: „Oh, wie konnte ich mich so verheddern?"

Es scheint so, als würde dem Verstand eine Erklärung gegeben, aber die Erklärung ist so, als würde das Knäuel an die Wand geworfen werden. Das Knäuel kann den Rat, sich selbst zu entwirren, nicht wirklich aufnehmen. Das einfühlsame Bewusstsein muss den verknoteten Verstand solange halten, bis er durch Gnade entwirrt wird. Aber von sich aus ist der Verstand nicht imstande, diesen Rat umzusetzen!

Das sollte dich wirklich erleichtern. Du hast rein gar nichts zu tun. Eher, als dass die Worte verstanden werden, sind die Dialoge eine Art von Spiel – das „Kochen" geschieht irgendwie im Untergrund. Was geschehen muss, geschieht von allein. Stehe einfach nur zur Verfügung.

Das einzige, was ich beschreiben kann, ist das, was ich sehe. Deshalb ist, was ich sehen kann, das, was mir geschieht.

Was ist sich dieses Geschehens bewusst? Wenn du dieser Frage nachgehst, ist es so, als würdest du eine Reflektion im Spiegel betrachten sowie den Spiegel selbst. Wie echt kann eine Reflektion sein? Wie nahe sie auch sein mag, sie wird niemals in dich übergehen, weil du sowohl die Reflektion als auch den Reflektor siehst.

Alles ist nur jetzt. Du existierst nur jetzt – als zeitloses Jetzt. Alles andere ist ein Traum, der aufgrund von Begehren, Konditionierung und Gedächtnis entsteht.

Wessen Gedächtnis? Das Gedächtnis von niemandem. Es scheint ein Mysterium zu sein. Für wen ist es ein Mysterium? Das ist eine faszinierende Frage. Finde es heraus.

Das Entdecken
der Wahrheit
sollte mit etwas
intuitiver Flexibilität
und im „Freistil“ geschehen.
Ich kann dich nicht lehren,
deinen Weg in die Wahrheit
im Foxtrott zu tanzen.

Erkenne das Leben als Traum

Ich empfinde das Leben als wunderbar und voller Abenteuer. Ich habe kein Verlangen, das in Frage zu stellen. Ich empfinde das als ganz natürlich.

Im Augenblick fühlst du so. Aber wird das von Dauer sein? Das Leben ist schön, hässlich und vieles mehr. Für dich ist dieser Augenblick lediglich eine weiße Wolke am sich ständig ändernden Himmel. Lasse die Wolke ziehen und verweile als Himmel.

Sollten wir uns nicht an der Schönheit erfreuen?

Warum nicht? Es besteht doch keine Notwendigkeit, an irgendeinem Zustand festzuhalten. Was gesehen und gefühlt wird, ist ein sich ständig wandelnder Fluss. Genieße die Inszenierung auf alle Fälle! Was erfreulich ist, wirst du genießen. Was unerfreulich ist, wirst du versuchen zu vermeiden. Hier besteht die Gelegenheit, das, was hinter dem Wandelbaren ist, als dein wahres und dauerhaftes SELBST zu erkennen.

Sollten wir ständig Selbst-Erforschung praktizieren?

Warum sich damit beschäftigen, wenn kein Verlangen danach besteht? Ich bin nicht dazu da, Anweisungen aufs Geratewohl zu erteilen. Nur wenn das Verlangen, das SELBST zu erkennen, stark ist, wird sich jemand veranlasst fühlen, solchen Gesprächen zuzuhören.

Wie erfährst du die Welt?

Die Welt existiert nicht. Du und ich und alles, was du sonst noch innen und außen sehen kannst, ist unwirklich, es existiert nicht unabhängig von dir. Die Welt, die du bewohnst, wird innerhalb deines eigenen Verstandes erschaffen. Es ist alles ein Träumen. Für mich ist das eine Tatsache. Bewusstsein, Atem und Körper sind zuerst da, dann beginnt das Träumen.

Ist das deine Hauptlehre?

Nein, es ist keine Lehre, es ist eine Beobachtung, bestätigt durch Einsicht, Betrachtung und Gnade. Der Schüler, der Lehrer und das Lehren sind auch nur Traum. Wie du nehme auch ich die Welt wahr, aber ich weiß, sie ist ein subjektives Schauspiel, gestaltet, aufrechterhalten und ausgeführt durch die Konditionierung. Ich fühle, bewege mich und erfahre genau wie du, allerdings mit dem einen Unterschied: Ich weiß, es ist ein Traum. Deshalb bin ich davon nicht überwältigt.

Wessen Traum ist es?

Der Traum des Bewusstseins. Das Bewusstsein ist der Schöpfer, die Schöpfung und ihre Entfaltung. Als Bewusstsein bist du auch der Zeuge davon. Der Zeuge des Bewusstseins ist namenlos und trägt keinen Titel. Das ist die absolute Wahrheit. Das ist das, was du bist. Da gibt es keine Anstrengung, weder Trennung, noch Vereinigung – ungeteilt, ganz.

Das erkenne ich aber nicht. Das ist nicht meine persönliche Erfahrung.

Das ist nicht wahr. Es ist die dir am meisten vertraute und natürlichste Erfahrung, aber du bist dir dessen derzeit nicht bewusst. Du identifizierst dich mit dem Körper und dem Verstand und hältst diese für dich selbst. Und so leidest du bei dem Versuch, das ständig Wechselhafte zu stabilisieren. Deshalb erinnere ich dich immer wieder, bis du über die Notwendigkeit hinwegkommst, erinnert werden zu müssen.

Was immer deine Aufmerksamkeit erhält, wird zu deiner Erfahrung. Du bist dir dieser Erfahrung bewusst. Etwas kennt die Erfahrung und das, was sich als ein Erfahrender anfühlt.

Finde das und du wirst wissen, wer du bist.

Liebe
schließt alles ein.
Wenn es im Herzen erkannt wird,
ist tatsächlich jedes Wort
im Wörterbuch des Lebens
gleichbedeutend mit
Liebe.

Es gibt keine Art zu sein

Ich habe das Gefühl, mir noch viel vom Film des Lebens anzuschauen.

Etwas sieht dieses Anschauen des Filmes. Sei vollkommen klar. Wenn du auf den Verstand hörst, schaffst du manchmal ein Gefühl, dass es eine bestimmte Art gibt zu sein.

Es gibt keine bestimmte Art zu sein. Du bist. Das genügt, Schluss, aus, Ende. Aber du musst herausfinden, was dieses „Du bist“ im Sinne von „Ich bin“ ist. Dafür ist eine gewisse Innenschau notwendig. Diese wird zeigen, dass Gedanken wie Wellen auf dem Ozean erscheinen und sich fortbewegen und als vorübergehende Bewegungen wahrgenommen werden. Der Ozean ist hier gleichbedeutend mit dem SEIN, die Welle mit dem Verstand.

Wellen sind vom Ozean nicht zu trennen – sie sind eins, weil beide nur Wasser sind. Es ist der Verstand, der Welle und Ozean unterscheidet. Das Sein sieht lediglich.

Was du tust, die Art und Weise, wie du dich verhältst, deine Vorlieben und Abneigungen, gehören zu dieser Form und sind deshalb natürlich. Sie betreffen deine wahre Natur nicht. Du magst Ballett, ein anderer mag Hip-Hop; das ist dein Ding, erfreue dich daran. Sogar dein Fragen taucht spontan in dieser Manifestation auf. Es „tanzt“ ganz von alleine. Du bist es nicht, der etwas tut! Wer bringt die Wellen dazu, sich zu bewegen?

Das ist irgendwie zu fühlen. Aber ich sehe, dass da immer noch eine Bewertung ist, die durch Denken zustande kommt. Woher kommt diese Bewertung? Diese Identität wird irgendwie beibehalten, weißt du?

Was erhält sie aufrecht?

Glaube.

Glaube, gut. Wessen Glaube?

Der Glaube von niemand. Einfach Glaube innerhalb des Verstandes.

Rühre dich von da nicht weg, sonst wird sich die Tiefgründigkeit dessen, was du gerade geäußert hast, leicht in Philosophie verwandeln.

<*Stille*>

Sei eins mit dieser Erkenntnis. Lass sie nicht einfach nur ein Kommentar sein: „der Glaube von niemand". Der Glaube wird auch wahrgenommen. Wenn du hier verharrst, ist es so, als würde eine Welle von Leere allen Schmutz aus dem Verstand spülen.

Niemand kann sagen, was diese Leere ist. Doch wenn sie mit dem Verstand und dem Herzen erkannt wird, ist sie unweigerlich der Urgrund von allem, was erscheint und existiert. Wisse dieses zutiefst in deinem Herzen, so dass es untrennbar wird von dem, was du bist.

Das ist der entscheidende Punkt, verstehst du? Auch wenn du noch weitere tausend Jahre mit spirituellem Training verbringen solltest, musst du letztendlich zu diesem Punkt zurückkehren, an dem wir gerade hier und jetzt sind. Warum also tausend Jahre verschwenden?

Trete dem, der wegrennen will, gegenüber; denn es handelt sich um einen Schwindler und Dieb, der dich, solange er nicht hinterfragt und aufgespürt wird, auf dem leidvollen Rad des Lebens, des „Samsara", hält. Würdest du dir mit diesem Wissen willentlich erlauben, um die dauerhafte Freiheit betrogen zu werden?

Dieser Zweifel ist sehr stark in meinem Verstand und ich bemühe mich, weil ich es klar sehen will.

„Es" ist was? Es ist einfach nur das Sehen selbst. Ist der Ausspruch „Was du suchst, ist das, was sucht" wahr oder nicht?

<Stille>

Wenn der Verstand an der Vorstellung festhält, dass es eine Art ultimatives „Es“ gibt, das es durch Praxis zu erreichen gilt, stellt er sich das SELBST als schwer fassbares Phänomen oder Bild vor, das immer gerade außer Reichweite ist oder völlig unerreichbar bleibt. So wird die Reise zur ultimativen Wahrheit in eine mächtige Geschichte oder in eine Reise von großer Mühsal verwandelt.

Während sich die Suppe verdickt, erleben wir Momente von Klarheit und wirklichem Frieden. Wir werden weiter ermutigt durch gelegentliche Einblicke in das SEIN. Wir fragen uns selten, ob solche Erfahrungen wirklich dem SELBST entsprechen oder bloß illusorische Projektionen des Verstandes darstellen. Der Gedanke, dass wir bereits das SELBST sein könnten, nach dem wir suchen, wird fast nie erwogen.

Das wird sehr klar. Ich habe lange Zeit immer nach etwas gesucht. Und dann ist mir aufgegangen, dass ich niemals etwas hätte sehen können, weil das Sehen das einzige war, das es gab. Das einzige, was ich hätte sehen können, wäre eine Erscheinung gewesen.

Halte da inne. Es gibt nichts mehr durchzukauen. All das hat dich hierher gebracht.

Ich frage immer sehr rasch: „Was ist hier die Schwierigkeit?“ Wenn du 10 Jahre lang im Gefängnis warst, dann entlassen wirst und herauskommst und anfängst zu jammern: „Warum war ich so lange im Gefängnis?“, dann zeigt das, dass du immer noch im Gefängnis bist! Diese Gedanken kommen dir immer wieder, weil sie „Fünf-Sterne“ Service von dir bekommen.

<Gelächter>

Ich nenne sie diebische Gedanken. Papaji sagt: „Lasse sie wie Diebe in einem leeren Haus sein.“

Die wertvollste Sache, die du in diesem Augenblick hast, ist deine Aufmerksamkeit. Der Körper wächst durch Nahrung und Übung. Der

Verstand wächst durch Glaube, Absicht und Interesse. Dieses „Ich" wächst aber auch, nämlich durch Identifikation mit und Interesse an dem Körper.

Wenn das „Ich" nicht mit dem Funktionieren des Körpers und Geistes identifiziert ist, bleibt es als neutrales Wahrnehmen. Genauso wirst du, wenn du durch eine Gegend mit panoramaartigem Ausblick fährst, einen umfassenden Bereich von Eindrücken aufnehmen, aber bei keiner Sache landen. Darin liegt eine Art von Neutralität.

Da ist immer noch eine Gewohnheit, manchen Dingen mehr Bedeutung beizumessen als anderen. Ich sehe ein, dass dem deshalb so ist, weil die Aufmerksamkeit es gewohnt ist, auf solchen Dingen zu ruhen, die Bedeutung und Wichtigkeit besitzen.

Bist du einmal am Punkt des klaren Sehens angelangt und es wird erkannt, dass es keine wirkliche Person gibt, die Dingen Wichtigkeit zuordnen kann, abgesehen von einer Vorstellung, die ganz natürlich im Bewusstsein aufsteigt, ist der Schlange das Gift entfernt. Du brauchst sie nicht zu töten. Sie wird von alleine sterben, wenn das notwendig ist.

Das Leben tanzt als der spontane Ausdruck der Ganzheit. Es braucht keinen Geschichtenerzähler. Es ist ganz einfach. Ist der Verstand mit dem Herzens-Licht in Einklang gebracht, wird dieser Körper spontan und angemessen auf die Erfordernisse des Augenblicks reagieren.

Das Gefühl von Dualität ist noch vorhanden, aber noch einmal, du bist nicht ihr Gefangener. Im Gegenteil, sie wird angenommen und als der spielerische Tanz des Höchsten Seins genossen.

Dieser Zustand ist nicht zu ergründen. Keiner kann dafür Regeln oder Wege festlegen. Es gibt keine Landkarten für das Sein.

In jedem Ausdruck ist es die alleinige Gegenwart und Quelle.

Wir sind Das.

Du solltest dich in die Höhle
deines eigenen Herzens begeben
und dort sitzen.
Wenn du deine eigene
Leere
aushalten kannst
– dann bist du frei.

Wer lebt dein Leben?

Heute hatte ich meine zweite Augenoperation. Ich denke, beim ersten Mal als ich dorthin ging, war ich sehr ruhig und gelassen. Es gab ein „Ich“, das diesen Zustand erreicht hatte. Dieses zweite Mal war da nur eine Empfindung von einem „Ich“, das zittert . . . in Diesem. Es war wie Luft, die alles sieht. Es war keine Person da, welche die Reaktion des „Ich“ beobachtete.

Dieses Sehen ist Sein, und dieses Erfahren ist Sein, alles ist eins.

Als ich dazu aufgefordert wurde, meinen Blick auf das blitzende Licht zu richten, dachte ich, wenn ich fortfahren würde, meine Aufmerksamkeit auf diesen Raum dahinter zu richten, anstatt mich dem „Ich“ und seiner Beschäftigung mit dem, was gerade vor sich geht, zu widmen, wäre ich nicht fähig, den Anweisungen zu folgen, was die Operation erst möglich und sicher machen würde.

Wir denken, dass das „Ich“ nicht handeln kann, wenn es nur die Gesamtheit gibt. Das zeigt, dass eine Anhaftung an das persönliche „Ich“ vorhanden ist. Manche sagen, dass das Ego notwendig ist, um in der Welt zu sein.

Wer ist es, der dein Leben lebt, für deine Familie sorgt, sicherstellt, dass die Rechnungen bezahlt werden – wenn es kein „Ich“ gibt? Irgendwie erträumt das Bewusstsein die Individualität, um den illusorischen Eindruck davon zu haben, ein Leben zu besitzen.

Es scheint jedoch nötig zu sein, dass diese „Joan“ (Name der Fragenden) erst erträumt werden muss, damit sich diese Geschichte ereignen kann?

Bewirkt das, dass du dich als Joan fühlst? Was ist die Folge der Erkenntnis, dass es sich bei Joan um eine Ausdrucksform des Bewusstseins handelt?

Alle Manifestationen des Lebens, Vielfältigkeiten, Gegensätze usw., erschaffen notwendigerweise ein „Ich“-Gefühl, um auch ein Gefühl von anderem, von Abstand und Zeit zu erfahren. Dualität ist notwendig, damit Manifestation geschehen kann. Zeit und Raum sind notwendige Gedankengebäude, damit Dinge erscheinen und sich bewegen können. Bist du, der du das Bewusstsein bist, in eine Form gepresst, z.B. in die Rolle, genannt „Joan“?

Ja, auf eine Weise fühlt es sich so an. Das Bewusstsein scheint in mir nur Joans Geschichte zu erzählen. Das fühlt sich nach einer Begrenzung an.

Wer sagt das? Bist du getrennt vom Bewusstsein? Wenn du Joan für ein autonomes Wesen hältst, dann hast du etwas missverstanden. Sieh, wer oder was Joan ist. Aus was besteht sie?

Wenn aber hier eine Geschichte erzählt werden soll, kann das nur durch Joan geschehen...

Dem ist nicht so. Du räumst dieser Joan noch einen großen Raum ein. Es ist so, als würdest du sagen, dass alles, was du erfährst, das Leben der illusorischen Joan ausmacht. Es ist, als ob eine Romanfigur in einem Buch ihre eigene Geschichte erzählt, und der Leser sich in die Geschichte der Person verliebt, ohne zu merken, dass das Leben der Person die Erfindung des unsichtbaren Autors ist.

In Wirklichkeit gibt es keine Joan. Das Bewusstsein denkt sie sich aus und identifiziert sich mit der eigenen illusorischen Projektion. Und dann leidet es an der Identität.

Wenn ich mich an dich wende – dann nur als Bewusstsein, das mit dem Bewusstsein in Verbindung steht. Suche nach Joan!

<Langes Schweigen>

Da ist nichts.

Bleib dabei, zu beobachten und zu bestätigen, dass da „nichts ist“, bis diese Täuschung aufhört. Wenn du Joan als Täuschung erkennst, kehrst du zu deinem natürlichen Zustand reiner unvermischter Gegenwärtigkeit zurück – ein wahrhaft glückliches Ende . . . oder vielleicht ein Erwachen.

Lasse andere mit dir über sie reden, aber du selbst wirst nicht in der Lage, sein sie zu finden. Es gibt keinen Namen für dich, noch nicht einmal „Bewusstsein“.

Sei das unbenennbare SEIN.

<Stille>

Danke.

Das,
worin sogar
Stille gehört wird,
bevor
Wahrnehmung entstanden ist . . .

Das, welches selbst
das Wahrnehmen wahrnimmt . . .

Dieses konzeptlose
und unwandelbare Sein
allein existiert.

Ich bin – Das.

Oben:
Mooji, Yogi Ramsuratkumar und
Ma Devaki, Tiruvannamalai, 1994

Unten:
Umarmung

Oben:
Der Berg Arunachala,
Tiruvannamalai

Unten:
Mooji mit Ma Devaki und
Ma Vijayalakshmi, 2012
Sri Yogi Ramsuratkumar Ashram

Oben:
Tea Time Satsang in Sahaja

Unten:
Mooji und Aruna Ma im ersten Sahaja Retreat, 2012

Oben:
Satsang im S.P. Gästehaus, Tiruvannamalai

Unten:
Spontanes Gespräch an der Tiruvannamalai Reismühle, 2012

Pongal in der Reismühle,
Tiruvannamalai, 2011

Oben:
Satsang am Kadu Siva Pond

Unten:
Mooji am Fuß des Arunachala

Der wahre Meister hat keine Lehre

Mooji, was geschieht, wenn sich zwei Meister treffen? Worüber würdest du sprechen, wenn du einen anderen Meister triffst?

Sie könnten sagen: „How guru do?"*

<*Schallendes Gelächter*>

Was geschehen wird, wird geschehen. Was das Meister-Sein betrifft – ich kann hier keinen „Meister" finden, wenn ich nach innen schaue. Wir haben alle möglichen Fantasien, dass dabei eine kosmische Veränderung stattfinden könnte, wie wenn man zwei starke Magnete zusammenbringt – aber das ist Unsinn. Zwei Meister können sich nicht begegnen. Was ist der Unterschied zwischen dem Raum in diesem Zimmer und dem Raum in der Küche? Es gibt keinen. Also was auch geschehen mag, es würde von ihnen nicht als Ereignis registriert werden, weil in Wirklichkeit nichts geschieht. Nichts geschieht!

Aber es muss doch irgendein Erkennen zwischen den beiden geben?

Erkennen zwischen wem?

Zwischen den beiden natürlich. Vielleicht besteht ein Interesse daran, wie der jeweils andere sich darüber äußert, weil ihre Wahrheit ein und dieselbe ist, es aber viele Lehren gibt. Innerhalb aller Kulturen gibt es ein Spektrum von Möglichkeiten zu lehren, wie das Offensichtliche enthüllt werden kann – um es einmal so auszudrücken. Sogar bei einer einzigartigen „Ewigen Philosophie" benutzt jeder Worte in seiner eigenen Weise. Sie sollten sich an dieser Vielfalt erfreuen.

* Wortspiel mit der englischen Begrüßung „How do you do?", im Deutschen „Wie geht es dir?", was wie „How Guru do?" klingt.

Du weißt nicht, wovon du sprichst oder wie die Dinge liegen. Wenn sie „Meister“ sind, wie du sagst, würden sie keinerlei Konzept über sich als Meister haben. Das Prinzip, welches du als Meister bezeichnest, hat kein Konzept von sich selbst. Frei von jeglichem „Ich“-Glauben existiert es nur als Bewusstsein. Der wahre Meister hat keine Lehre, er zeigt nur den Weg auf. Keine Lehre, kein Schüler, kein Meister.

<*Mooji lächelt*>

Das ist die Wahrheit, die von allen Meistern ihren Anhängern gelehrt wird, ist es nicht so?

Was tun wir dann hier? Was für einen Zweck erfüllt Satsang?

Das herauszufinden; das für dich selbst zu entdecken und zu bestätigen.

Aber sind das nicht die üblichen Zen-Sprüche, die viele Advaita-Lehrer benutzen? „Kein Lehrer, keine Lehre, kein Schüler“ – das hört sich für mich nicht wahr an. Für mich scheint es klar zu sein, dass du der Lehrer bist und ich hier von deiner Lehre und deiner Präsenz profitiere. Welchen Wert und welchen Sinn hat es zu sagen, das ist nicht so? Ich freue mich hierherzukommen und mit dir zusammen zu sein. Deine Worte und deine Gegenwart haben mir ganz eindeutig geholfen. Gewiss liebst du es, zu lehren oder, sagen wir mal, das, was du gefunden hast, mitzuteilen. Würdest du sagen, Lehren ist deine Aufgabe im Leben? Deine Gegenwärtigkeit scheint stärker als unsere zu sein. Du sprichst mit mehr Autorität und Klarheit, als irgendein anderer, den ich kenne. Ich liebe und respektiere dich. Fühlst du nicht dasselbe für uns? Wie nimmst du uns, die wir zu dir kommen, wahr?

Stelle mich nicht auf einen Sockel und steck mich nicht in eine Schublade. Ich bin nicht das, als was du mich wahrnimmst. Es gibt nichts Objektives, das ich über mich selbst sagen kann, das als eine Wahrheit bestehen könnte. Ich habe nachgeschaut und keinen objektiven Ort für das, was ich bin, gefunden.

Ich weiß, ich bin bewusst und Wahrnehmung findet spontan in mir statt, aber hier gibt es niemanden, der etwas tut oder erreicht.

Es gibt keinen Unterschied zwischen dir und mir, abgesehen davon, dass ich weiß, dass ich keine Person bin, und du fühlst, dass du eine bist. Ich versuche mein Bestes, dich herauszufordern, zu konfrontieren, anzuregen, zu inspirieren und zu ermutigen, damit du es sehen und selbst bestätigen kannst. Ich kann nicht anders, es geschieht einfach.

Lehrer und Schüler erscheinen als Rollen und Formen im Bewusstsein, das wir sind, während es sich ausdrückt. Warum und wie es das macht, weiß ich nicht. Und ich muss es auch nicht wissen. Irgendwie kommt es mir so vor, dass das Bewusstsein dieses Spiel erschafft, um die Erfahrung zu haben, zu sich selbst aufzuwachen als die reine, unwandelbare Realität. Das ist seine Freude. Das Selbst schlüpft hinter alle diese Masken. Das Selbst vergisst sich selbst und scheint dabei sein Selbst wiederzuentdecken. Dennoch bleibt es durchgehend das reine Selbst. Das ist meine Sichtweise, meine Erkenntnis.

Wenn das Selbst davon träumt, ein individuelles „Ich" zu sein, manifestiert es sich als eine getrennte Wesenheit, ruhelos und oft arrogant, sich seiner wahren Natur nicht bewusst. Unter dem Bann der Maya ist es dazu bestimmt, Furcht, Widerstand, Zweifel und Angst zu fühlen. Als „Ich" leidet es. Es kann Leiden und sich Abmühen nicht vermeiden, weil wir alle die Intuition haben, dass unser individuelles Dasein zwangsläufig zu Ende gehen muss. Das nenne ich das „Trauma der Existenz". Dennoch legt es nur sehr langsam seine Überheblichkeit, seine Identität als persönliches „Ich" ab. Warum? Sogar hier im Satsang sind Menschen voller Stolz und Arroganz. Wenn das Sein gestresst genug und aller Dinge müde geworden ist und wenn es sich entscheidet aufzuwachen, schwindet die Macht des Verstandes, während die Anziehungskraft von Wahrheit und Satsang zunimmt.

In all dem gibt es keinen Handelnden. Niemand ist da, der irgendetwas macht oder nicht macht, alles geschieht von alleine. Das ist, was man beobachtet, und als Resultat dieser Erkenntnis tritt eine große Erleichterung ein, wirklicher Friede und Freude überwiegen.

Du fragst: "Lehrst du gerne?" Ich habe keine Absicht zu lehren und habe nicht das Gefühl, irgendjemanden oder irgendetwas aktiv zu lehren. Ich mach einfach „mein Ding", tanze meinen Tanz. Alles ist vollkommen spontan. Ich erfreue mich an meinem SELBST mit all seinen Ausdrucksformen, ob sie grob oder sanft sind. Solange der Körper da ist, geht der Tanz weiter. Irgendwie ist alles in Ordnung und harmonisch um mich herum. Denn ich weiß, dass nichts falsch laufen kann, abgesehen von ein paar oberflächlichen und kurzzeitigen Aspekten.

Ich erfreue mich am „Satsang-Salsa", hafte ihm aber nicht an. Obwohl es den Anschein haben kann, hafte ich niemandem und nichts an. Wenn ich weggehen müsste und mein ganzes derzeitiges Leben hinter mir lassen müsste, wäre das völlig in Ordnung. Wenn und falls es aufhört, verbleibe ich als Leere. Auch in diesem Augenblick ist es so.

Ich bin Leere in der Erscheinung eines menschlichen Wesens namens Mooji.

Wenn der Verstand überwunden, durchschaut und als Spiel der Wellen auf der Meeresoberfläche begriffen wird, herrschen Präsenz, innere Ruhe, Klarheit und Autorität vor. Man begreift und identifiziert sich nur als das SELBST. Das ist die göttliche Anziehungskraft, die göttliche Liebesgeschichte.

Wie die Schmetterlinge vom blühenden Sommerflieder angelockt werden, kommen alle Wesen, die zum Aufwachen bereit sind, um sich im Ozean des Friedens und Mitgefühls zu baden. Sie kommen zum Satsang. Ihr Verstand verbindet sich wieder mit der Quelle. Auf diese Weise werden der Yoga der Erkenntnis und des Verstehens vollzogen. Das ist das Spiel, das Satsang-Spiel.

Nun, deine Frage war: „Wie siehst du uns?"

Als Ausdrucksformen des Einsseins.

Das ist kein mystisches, mühevolles, verkopftes oder sentimentales Gefühl, sondern die natürliche und einfache Art und Weise, die gefühlt und bestätigt wird, wenn der Verstand nicht länger eingreift, projiziert oder mitmischt.

Mitgefühl ersetzt Angst. Ich habe aufgehört, euch zu fürchten und begonnen, euch als Formen meines eigenen Selbst zu lieben, weil sich dieses Verständnis eingestellt hat.

Das Selbst hat nichts außer Liebe für das Selbst.

Geliebter Vater,

danke
für die Erfahrung des Lebens;
für die Freude und Harmonie
des Seins.

Danke
für deine immer fließende Gnade
und diese tiefe Zufriedenheit und Liebe
in meinem Herzen.

Und jenseits von all dem,
danke
für das Erkennen
und die ununterbrochene Erfahrung
der Einheit mit DIR
als ungeborenes Gewahrsein.

Warum bist nicht du mein Guru?

Du sagst, dass an einem bestimmten Punkt Gedanken auftauchen und die Identifikation mit ihnen dich in einen Zustand des Leidens hineinzieht. Das sind alles nur Gedanken, und sie sollten als Gedanken beobachtet und erkannt werden. Hat das, was ich sage, irgendeine Bedeutung für dich oder sagt etwas in dir: „Ich wusste, du würdest das sagen"? Ich möchte lieber sehen, dass du diese Gewohnheit wirklich zerschmetterst, anstatt dein Angesicht durch all diesen Schmutz zu verschleiern. Schau einfach auf das „Ich", zu dem diese Gedanken kommen. Was ist dieses „Ich"? Was sagt diese Dinge? Warum werden dieser Gedanke und dieses Gefühl so leicht aufgegriffen?

Das läuft immer auf ein Gefühl von Wertlosigkeit hinaus.

Das „Ich"-Konzept glaubt an die Gefühle von Wertlosigkeit, und schon ist ein wertloses Wesen erschaffen. Diese Schöpfung an sich ist illusorisch, weil sie allein auf einem Gedanken beruht.

Im Moment ist wirklich nicht genügend Mut oder Durchhaltevermögen vorhanden, den Gedanken dahin zurückzudrängen, von wo er herkam. Wenn du dich mit diesen Gedanken identifizierst oder diese Gedanken sowie denjenigen, der von ihnen beeinträchtigt wird, als Wahrheit übernimmst, dann musst du mit ihnen auf der Ebene der Identifikation umgehen. Wenn du das tust, fange ich an aufzugeben. Es ist einfach unmöglich.

Du wirst ein Stadium erreichen, wo du meinst, „Ja, ich habe es begriffen", doch du wirst es wieder verlieren, weil derjenige, der es begreift und wieder verliert, selbst nichts anderes als ein Gedanke ist.

Obwohl dieser Gedanke illusorisch ist, ist er der am meisten vertraute Gedanke, der im „Ich Bin"-Bewusstsein entsteht. Er richtet all dieses Unheil an.

Ich werde ein wenig überdrüssig und müde, wenn ich bei der Perspektive der Person beginnen muss und versuchen muss, die Person in das Bewusstsein hinaufzuziehen. Ich möchte, dass du bei der „Ich Bin“-Präsenz beginnst, damit ich dich zum Absoluten führen kann. Wenn du bei der Person beginnst, kann ich dich kaum zu dem bezeugenden „Ich Bin“-Zustand bringen. Aber nur, wenn du an diesem Punkt bist, können wirkungsvolle Spiritualität und Selbst-Erforschung beginnen.

Ich erzähle dir eine Geschichte:

Es war einmal ein reicher Mann, der seinen Guruji besuchte. Er sagte zu seinem Meister: „Ich war sechs Jahre lang mit dir zusammen. Ich habe deinen Vorträgen zugehört. Ich weiß, sie sind wahr; wenn ich aber mein Leben so betrachte, muss ich feststellen, dass ich mich nicht verändert habe. Was mache ich falsch? Ich habe so viel mit meiner Familie und meinem Geschäft zu tun. Es gibt so viele Dinge in meinem Leben, um die ich mich kümmern muss. Das bedeutet, dass ich deinen spirituellen Rat nicht so recht nutzen kann.“

So nahm der Meister seine Hand und studierte sie eingehend. Plötzlich erklärte der Meister: „Oh mein Gott, oh mein Gott!“

„Meister, was ist, was kannst du sehen?“

„Ich kann sehen, dass du in sieben bis zehn Tage sterben wirst.“

Diese Nachricht traf den Schüler mit großer Wucht und ließ ihn völlig erschöpft zurück. Als er wieder zuhause war, erinnerte ihn seine Frau: „Liebling, du hast morgen eine Verabredung, um mit deinen Geschäftspartnern Golf zu spielen.“

„Sag’ alles ab, sag’ alles ab!“, war seine Antwort. „Sage alle meine Verabredungen ab, ich habe keine Zeit für sie. Ich werde in zehn Tagen sterben. Ich kann doch nicht in Unwissenheit sterben!“ Und so fuhr er fort zu meditieren.

Am folgenden Tag beschwerte sich seine Frau bei ihm: „Warum verbringst du keine Zeit mit der Familie?“

Der Ehemann sagte: „Ich habe keine Zeit dazu. Wozu eine Familie haben? Ich werde in neun Tagen sterben. Ich weiß nicht, ob ich wiedergeboren werde! Ich habe so lange all meine Energie verschwendet! Mein einziger Schwerpunkt waren Familie und Geschäft!"

Nach acht Tagen besuchte der Meister seinen Schüler und erkundigte sich nach seiner Gesundheit.

„Meister, ich kümmere mich nicht um meine Gesundheit", sagte er zu seinem Meister, „Was bedeutet Gesundheit für einen sterbenden Menschen? Ich verschwende keinen Gedanken daran."

Dann fragte der Meister: „Wie geht es mit deinem Geschäft?"

„Ich schere mich nicht um mein Geschäft. Wozu all diese Geschäfte, wenn ich in wenigen Tagen sterbe und nicht mehr in der Lage sein werde, irgendetwas mit dem Gewinn anzustellen?"

„Wie geht es mit deiner Familie?"

„Meister, ich kann mich nicht auf meine Familie konzentrieren. Wirklich, ich sehe alle Dinge als illusorisch an. Du bist doch mein Guruji, warum stellst du mir all diese Fragen? Du weißt doch sehr genau, dass sie nicht existieren. Nichts davon existiert. Nur die Wahrheit existiert. Ich weiß nicht, was ich dir sagen soll, Meister."

„Das hast du sehr gut gemacht", erwiderte der Meister. „Das waren die acht besten Tage deines Lebens, weil du dich selbst gerettet hast. Ich musste dich anlügen, damit du diese Zeit weise nutzen würdest."

Ich weiß nicht, ob irgendjemand von euch von seiner Zeit weisen Gebrauch macht. Nach zwei Monaten täglichen Satsangs in Tiruvannamalai, fragen Leute immer noch nach weiteren Satsang-Treffen. Ich sage euch, ihr braucht nicht mehr davon, vertieft euch einfach in eure Selbst-Erforschung und bringt das Leiden, das ihr selbst erschaffen habt, zu einem Ende.

Sprechen und Handeln aus dem Ego heraus ist Faulheit. Das ist wirklich wertlos, nicht weil ihr wertlos seid, sondern weil eure Haltung es ist. Begebt euch selbst nach innen! Ich habe genügend Zeit mit euch verbracht, sodass ihr fähig sein solltet, euch mit mir auf der Basis des Bewusstseins zu unterhalten. Die personenbezogenen Geschichten erschöpfen meine Energie. Ich habe Personen in meinem Körper aufgelesen, aber er kann nicht länger damit fertig werden. Ich möchte erleben, dass du heimkommst, ein für alle Mal.

Sollte ich vielleicht nicht so viel mit dir zusammen sein, wenn ich dir das antue?

Du tust dir das selber an. Du solltest auf dich selbst achten. Achte ebenso auf mich und meinen Körper. Auf mich zu achten ist zu wissen, wer du bist. Du sagst, du solltest nicht so viel mit mir zusammen sein, was würdest du aber ohne meine Gesellschaft machen? Schneller aufwachen? Siehst du meine Gesellschaft als selbstverständlich an? Ich glaube nicht, dass ich irgendjemanden von euch dazu ermutige, Zeit zu verschwenden. Ich bin immer ich selbst, was ich auch tue, während ihr euch ständig aufteilt. Hört damit auf!

Warum bist nicht du mein Guru? Warum komme ich nicht zu dir, um deinen Darshan zu empfangen? Wie viel Zeit benötigst du, um felsenfest als die Wahrheit dazustehen, wie der reiche Mann in der Geschichte, die ich dir gerade erzählt habe? Ist nach der ganzen Zeit, die wir miteinander verbracht haben, alles, was du sagen kannst: „Entschuldige, dass ich deine Zeit verschwende.“? Du musst dir etwas Besseres einfallen lassen ...

Nein, es ist nicht so. Es gibt Zeiten, da ist innerlich viel Kraft, aber dann kehrt die Gewohnheit zurück, mich mit der Person zu identifizieren.

Keine Gewohnheit ist stärker als du. Wenn jemand, den du innig liebst, stirbt und wenn die einzige Möglichkeit sein Leben zu retten darin besteht, eine Gewohnheit aufzugeben oder ein Opfer zu bringen, würdest du es meiner Meinung nach tun.

Ich glaube an dich! Wenn jemand von euch sterben müsste und er dadurch, dass ich viel Gewicht verlieren würde, sein Leben behalten könnte, würde ich es für ihn tun.

Wir alle sterben, Mooji.

Nein, tut ihr nicht. Ihr spielt nur. Du versuchst gerade, mich dazu zu bringen, Gewicht zu verlieren.

<*Gelächter*>

Deshalb sprichst du so. Ich weiß, wenn du es ernst meinst. Ich würde all das Gewicht für dich verlieren, ich würde aber nicht für dich sterben wollen – bis es das wert wäre.

Sei nicht
selbst-zentriert.

Vielmehr sei
im SELBST
zentriert.

Der einzige Dieb im Universum

Mooji, diese Suche nach meinem Selbst scheint viel Zeit zu benötigen. Manchmal glaube ich verrückt zu werden! Es sind immer noch so viele Gedanken da, die durch meinen Kopf jagen, manchmal kann ich einfach nicht hinter sie gelangen. Frieden zu finden scheint mir ein Traum zu sein.

Sei nicht bereit, irgendetwas anzurühren, das dich bremst. Lass alles los. Jetzt! Es ist an der Zeit. Du hast viel Energie, viel Aufmerksamkeit, viel Kraft für Dinge verschwendet, die wenig Bedeutung haben. Du hast eine riesige Menge an Energie für triviale Dinge aufgebracht.

Warum verwendest du nicht ein wenig deiner Zeit für die Erforschung „Was bin ich ohne all diese Dinge?"

Hier im Satsang fühlt es sich gut an, aber dort draußen in meinem Alltagsleben ...

Das ist auch schon ein Konzept. Es ist nicht wahr. Das, was du bist, kann nicht „gehen". Es ist deine Aufmerksamkeit, die anderswo hingeht! Meine Herausforderung für jedermann ist: Steige genau jetzt aus dem „Hier und Jetzt" aus – und sage mir, wenn du an die Schwelle kommst, wo „Hier" zu „Dort" wird, und „Jetzt" zu „Dann". Richte deine Aufmerksamkeit darauf.

In diesem inneren Raum können alle möglichen Dinge auftauchen, aber dieses Eine, das hier wohnt, bleibt unberührt. Innerhalb dieser raumartigen Leere siehst du, dass das Leben aus einem Fluss von Sinneseindrücken besteht, vorübergehend, und doch göttlich.

Erlaube dir selbst diese Freiheit, erlaube dir eine innere Freiheit, „Mein Leben kann völlig chaotisch sein!" Lass dich nicht auf das Gefühl ein, dass du etwas verloren hast, und du wirst eine weitgehende

Freiheit von Turbulenzen verspüren. Du wirst deine Erfahrung nicht länger „turbulent“ nennen.

Du wirst den inneren Journalisten entlassen. Lasse alles geschehen, wie es eben geschieht, und du wirst allem aus dieser Leere heraus begegnen ... und dann sage mir, welche Schwierigkeit du noch hast!

Wie werde ich diesen inneren Journalisten los?

Zuallererst, befasse dich nicht mit dieser Frage, „Wie mache ich das?“; denn sie wird dich „beißen“. Wie lässt du eine heiße Kartoffel fallen? Wenn du neugierig bist, lernst du; wenn du jedoch verzweifelt bist, entdeckst du!

Du glaubst, dass der „Architekt Verstand“ alles zu entscheiden hat. Es gibt jedoch einen tieferen Verstand, den kosmischen Verstand, der alles perfekt bewerkstelligt.

Dieses „Wie mache ich das?“ sowie rasende Gedanken und Gefühle von Schuld und Reue werden völlig verschwinden. „Tamas“ wird von „Raja“ verschluckt und „Raja“ wird von „Sattva“ verschluckt und dann wird „Sattva“ in vollkommene Präsenz verwandelt!

Diese Suche nach völligem Verstehen kann kein Teilzeitjob sein – was nicht heißt, dass du deinen Job aufgeben sollst! Du wirst vielmehr herausfinden, dass alles, was getan werden muss, viel effizienter vonstatten geht, wenn das Gefühl von „Ich“ als der Ausführende von Handlungen und als der Denker von Gedanken wegfällt und durch einfaches SEIN ersetzt wird. Mache weiterhin das, was du tun musst, die Aktivitäten des täglichen Lebens stehen mit der Wahrheit nicht in Konflikt.

Wenn du aufhören würdest Koch zu sein und dafür Priester werden würdest, würde dich das auch nicht eher zu dem machen, der du wirklich bist.

Bei vielen werden sich grundlegende innere Veränderungen im äußeren Ausdruck widerspiegeln, obwohl die Entdeckung der Wahrheit sich nicht äußerlich zeigen muss.

Das Erkennen des eigenen, wahren SEINS in all seiner Natürlichkeit ist an sich Heiligkeit und Reinheit. Genau hier und genau jetzt kannst du Buddha selbst sein – Buddha in Jeans!

<*Gelächter*>

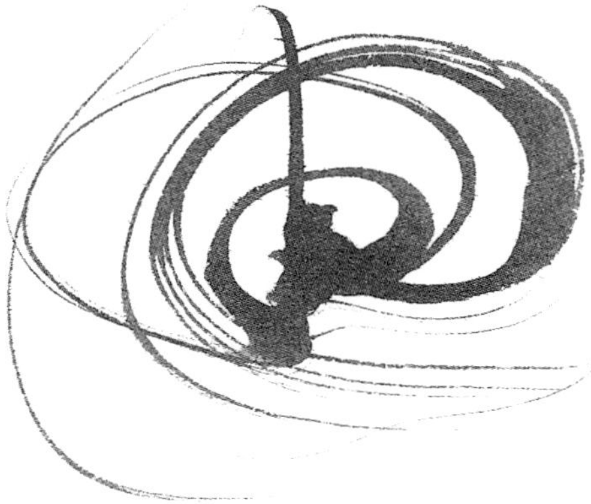

Am beliebtesten
sind die Wege,
die Freiheit für das
persönliche Selbst versprechen.
Meine Worte aber sind die Finger,
die dich direkt
auf dein göttliches Selbst
hinweisen
und dich wieder nach innen
in dein unendliches Sein zurückdrängen.

Sei ganz aufmerksam

Wie lange hat es gedauert, bis du das erkannt hattest?

Keine Zeit und lange Zeit. Versuchen zu erkennen dauert lange Zeit; es erkennen geht blitzschnell. Die Worte, die Gnade und die Gegenwart meines Meisters schälten die Trübung der Identifikation mit dem Falschen ab, und augenblicklich offenbarte sich das eigentlich Wahre.

Ich wünsche mir, „abgeschält" zu werden.

Du bist abgeschält, du ziehst dir deine Haut aber immer wieder über.

<Gelächter>

Der Verstand ist entgiftet worden, aber dann vergiftest du dich schnell wieder von neuem.

<Gelächter>

Wenn du dahinterkommst, wer dieses „Ich" ist, brauchst du keine weiteren Fragen mehr zu stellen. Dann wird alles, was vor dir auftaucht, diese gesamte Welt, nur in deinem Bewusstsein in Erscheinung treten. Alles kommt an die Oberfläche des Verstandes, es muss dich geben, um es wahrzunehmen. Das „Ich" ist der gemeinsame Nenner aller Erfahrungen.

Bei jeder intelligenten Innenschau zur Natur der Wahrheit sollte die Frage, „Wer oder was ist Ich?", an erster Stelle stehen, weil alles andere erst nach dem „Ich" kommen kann. Warum ist das die verheißungsvollste Frage? Weil du, ohne der Frage nachzugehen, was als „Ich" im Körper auftaucht, in der Vorstellung, dass du der Körper bist, weiterschläfst. Schon durch die Annahme, dass du der Körper bist, schlüpfst du ins Dasein einer Person – ein schrecklicher Fehler.

Schau dir die Welt an, wie sie aufgrund des Glaubens „Ich bin eine Person“ erlebt wird. Es ist kein schönes Bild, es sei denn, du hast viel Vorstellungskraft oder kannst dich selbst von den selbstsüchtigen und ungeheuren Projektionen der Menschheit ablenken. Wir sind nicht glücklich als „Ich“, so wie wir es mit dem gängigen Selbst-Bild leben.

Sei ganz aufmerksam! Während das persönliche „Ich“-Gefühl fortdauert – gleichgültig, welche Rolle das „Ich“ annimmt – ist die Tatsache, dass das „Ich“ beobachtet wird, der Beweis dafür, dass ein tiefgründigeres Wahrnehmen, frei von Identität, vorhanden ist – ein Reich ohne Konzepte und von bildloser Vollkommenheit. Wenn das „Ich“ als das SELBST erkannt und vollkommen angenommen wird, wird der Mensch wahrhaftig frei.

Durch die Weisheit, die Führung und die Gnade eines Meisters löst der ernsthafte Sucher seinen Verstand völlig in dem „Ich“-losen SELBST auf und wird die Verkörperung dieses Verstehens.

Warum bleibt die Identität immer noch bestehen, nachdem man dies gehört hat?

Irgendwie manifestiert sich das SEIN so, dass es scheint, als würde es in die Identifikation als ein Individuum hineingezogen werden. Im Satsang wirst du gefragt: „Wer bist du?“ Du fühlst dich verwirrt, weil du an eine solche Frage nicht gewöhnt bist. Du bist niemals in dieser Weise herausgefordert worden.

Wir sind darauf konditioniert worden, objektive Fragen zu stellen wie beispielsweise „Wie viele Kilometer ist Japan von Israel entfernt?“ oder „Wie funktioniert dieses oder jenes?“ Das ist objektives Wissen. Jetzt wirst du gefragt „Wer bist du, der Kenntnis von diesem Wissen besitzt?“ Und du sagst: „Das bin natürlich ich, was ist das für eine Frage?“

Wenn du „Ich“ sagst oder fühlst – was ist die Substanz von diesem „Ich“? Was macht dieses „Ich“ aus? Wer bist du angesichts dieser Frage?

Hmmm ... viele Dinge. Da sind mein Verstand, meine Gefühle, mein Selbstbild, meine Lebensgeschichte, Erwartungen, Wünsche ...

Ja, aber was sagt „mein Verstand", was weiß davon?

Ich kann diese Dinge sehen. Bei diesem Sehen gibt es eine Stelle, von der aus Satu (Name der Fragenden) gesehen wird, wie sie eine Rolle spielt.

Halt! Sprich, kommentiere nicht, sprich von dort aus – und als DAS selbst. Wer ist dieses „Ich", das diese Dinge beobachtet?

Du hast gerade diese Dinge, die du beobachtest, aufgezählt, dieses „Ich", mein Gedächtnis, meine Konditionierung, meine Gefühle, mein Körper und so weiter. Sie sind immer noch da, aber jetzt nur als vorübergehende Erscheinungen. Etwas ist imstande sie zu beobachten. Wer oder was beobachtet sie? Finde diese Quelle in dir selbst, während das Beobachten stattfindet ...

Etwas bewegt sich nicht, aber die Bemühung zu versuchen, das zu sein, wird auch beobachtet. Und es gibt eine Tendenz, zu dieser Erinnerung an die Erfahrung des Sehens zurückzugehen. Die Bestätigung, „Ich bin DAS" wird ohne Bemühung wahrgenommen und gefühlt, es ist keine Anstrengung damit verbunden. Während normalerweise das, was vertraut ist, bewertet werden würde, wird hier nicht gewertet.

Und jetzt?

Von wo aus ich jetzt schaue, sehe ich, dass bei einer Identifikation mit Satu – immer eine Erwartung da ist, wie der nächste Augenblick sein könnte, und dann ist da oft Ruhelosigkeit, etwas ist in Bewegung. Wogegen an diesem Ort des Sehens ein intuitives Verständnis da ist, dass es sich dabei um das Schauspiel der Prozesse von Körper und Verstand handelt und dass alles von meinem wahren SELBST aus und zugleich irgendwie innerhalb dessen geschieht.

Und wer bist du?

Ich kann jetzt gerade sehen, dass alle Körper, deiner eingeschlossen, sich innerhalb meines eigenen Selbst befinden. Die Person hat immer diese Bemühung, Das zu sein, und somit ist das Gefühl des Scheiterns vorhanden, diesen Zustand nicht erreichen zu können. Ich habe das Gefühl, dass ich scheitere, aber jetzt sehe ich, dass das alles das Spiel des Verstandes ist. Wenn ich es klar sehe, wird Satu als ein Bild wahrgenommen. Wenn es einen Bezug zu Satu als Person gibt, dann bewegt sich diese Person im Verstand. Wenn Satu sich aber in ihrem natürlichen Zustand bewegt, wird sie als Einssein mit dem Sein erlebt.

Jetzt sprichst du vom Platz des unvermischten „Ich bin" aus. Hier bist du in vollkommener Ruhe in deinem eigenen Sein.

Wenn ich dir zuhöre, wie du meine Worte wiedergibst, fühle ich, dass es noch feiner als das ist.

Es ist gut. Ich habe lange Zeit darauf gewartet, mit dir zu teilen, woran du uns gerade teilhaben lässt. Du sprichst mit dem Licht der Wahrheit. Du bist das, worin Satu und ihre Projektionen spontan erscheinen.

Die „Person" ist oft ein sich selbst quälendes Wesen, egal ob sie gut oder schlecht über sich denkt, das Selbst-Bild ist armselig. Das Ego greift durch beide Tore an, dem positiven und negativen Selbst-Bild. Ein Selbst-Bild ist nicht unbedingt schlecht, wenn es als ein spielerischer Ausdruck des Selbst erlebt wird. Auf jeden Fall ist es das Beste, kein Selbst-Bild zu haben.

Im Augenblick bin ich vollkommen entspannt in deiner Gegenwart, da ich entspannt und wahrhaft in meinem Herzen bin. Ich kann dir nur so begegnen. Obgleich normalerweise aufgrund des Gefühls zu versagen immer Angst da ist, verweile ich jetzt hier, weil die Anziehungskraft der Freiheit stärker ist.

Ich bin in diesem Augenblick voller intensiver Gefühle. Deine Worte dringen mit Macht in mich ein, es ist aber auch Verwirrung da. Ich fühle mich umgeben von Gedanken, Angst und dem Gefühl zu sterben.

Lasse die Gefühle für einen Moment einfach da sein. Beobachte nur. Was ist sich dessen bewusst, was da gerade abläuft? Wo befindet sich das? Wenn dich etwas umgibt, wie du bemerkst, musst du eine bestimmte Form haben, nicht wahr? Wer bist du?

Ich bin ein geistiges Wesen.

Hat es eine Form, wenn es umgeben ist? „Umgeben" ist eine Art von Gefühl – wer ist das „Ich", das sich umgeben fühlt? Ist es ein Objekt? Du kannst nur umgeben sein, wenn du etwas bist, wenn du ein Objekt bist – ist es nicht so?

Ich bin viele Dinge... alles mögliche. Ich bin dieses schlagende Herz...

Jetzt änderst du deine Position. Was kennt und beobachtet den Herzschlag oder alles andere? Wer bist du, der das sieht und fühlt? Mit welcher Identität siehst du?

Es müsste die des Verstandes sein...

Was sagt: „Es müsste die des Verstandes sein"? Aus dieser Aussage geht hervor, dass es etwas hinter dem Verstand geben muss, das imstande ist, das zu beobachten und es kann nicht dasselbe sein wie der Verstand – kannst du dem folgen?

<Der Fragende lacht und wirft die Hände hoch, um anzuzeigen „Ich gebe auf". Mooji ermutigt ihn, mit der Selbst-Erforschung fortzufahren.>

Lass' uns zurückgehen zu dem „Ich", über das du sprichst.

Okay... wenn ich hier bin, fühle ich Frieden, ich fühle mich frei von Unruhe. Wenn ich aber von hier weg bin, scheint sich meine Aufmerksamkeit wieder nach außen zu wenden, und ich bin mir offensichtlich nicht bewusst, was hinter allem ist. Wenn ich hier im

Satsang meine Aufmerksamkeit nach innen wende, sehe ich, dass ich diese Leere bin. Leere ist da.

Kannst du ein „Ich“ finden, das sich von der Leere unterscheidet? Gibt es ein „Du“?

<Stille>

Wenn du ein persönliches Selbst in der Leere findest, muss es dann nicht notwendigerweise eine Art objektives, greifbares Wesen sein? Und musst nicht du, der es sieht, schon vor ihm bestehen und sein Beobachter sein?

Wenn sich deine Aufmerksamkeit deinem SELBST zuwendet, wird allein schon das Hinwenden sofort beobachtet. Die Aufmerksamkeit selbst ist eine Eigenschaft des Verstandes, und sie wird auch beobachtet. Dieses „sich zu etwas Hinwenden“ ist, was du zu sein glaubst – ein Wesen, das etwas tut und etwas zurückbekommt. Das wird selten hinterfragt.

Ein Gefühl von Freude ist vorhanden, wenn du dich erinnerst und dich nach innen wendest. Ich betone noch einmal: es ist dieses Gewahrsein, in dem die Hinwendung oder Nicht-Hinwendung der Aufmerksamkeit wahrgenommen wird.

Die Bewegung des „Ich“ bewirkt in ihrer Flüchtigkeit keinen Unterschied, weil es phänomenal wahrgenommen wird und es eindeutig das reine Gewahrsein, in dem es erscheint, unbeeinträchtigt lässt. Wenn das wirklich begriffen wird, ist alles vollbracht – gut vollbracht. Von wem wird es begriffen? Von dem Unbenennbaren! Wenn diese Erkenntnis in sich zusammenfällt, verschwindet der „jemand“, der scheinbar begriffen hat, im Unbeschreibbaren. Alles ist ein Gedanke, der auf der Leinwand des Bewusstseins erscheint, aber, erinnere dich, diese Leinwand ist eine dreidimensionale Leinwand.
Oh, das ist so tiefgründig ...!

Das ist auch ein Gedanke, der erscheint. Verpasse nicht diese Erkenntnis. Sie ist ein Schlüssel zur unberührten Gegenwärtigkeit. Tauchen viele Ängste auf? Diese werden auch durch Gedanken ausgelöst und am Leben gehalten. Die Tendenz, sich mit einem „Ich, der etwas macht“ zu identifizieren, ist auch ein Gedanke.

Solange der Körper besteht und Lebenskraft in ihm aktiv ist, ist die Möglichkeit für Gedankenaktivität auch gegeben. Die Gewohnheit, sich für eine Person zu halten, ist ein Reflex im Bewusstsein.

Wenn diese falsche Identität durch Selbst-Erforschung beseitigt wird oder dem Höchsten Herrn des Universums übergeben wird, werden Leben und Wahrheit eins.

Das Empfinden von „Ich“ wird trotz seines Erscheinens denselben Effekt haben wie der Mond, wenn er in vollem Sonnenlicht erscheint – völlig uninteressant. Wenn der „Ich“-Gedanke oder die Ego-Identität, der einzige Dieb im Universum, als Mythos entlarvt worden ist, endet die Täuschung. Es ist die Eigenart jeder Illusion, dass ihre Macht verschwindet, sobald sie als solche erkannt worden ist.

Für den, der sich der Wahrheit nicht bewusst ist, ist das „Ich“ eine Person. Für den Sucher der Wahrheit ist das „Ich“ das Sein. Für den Finder der Wahrheit ist das „Ich“ das reine Selbst.

Wenn ich dir nahe bin, fühle ich die Gegenwärtigkeit und den Frieden sehr stark, und dann taucht etwas Ego auf.

Es macht nichts, wenn das Ego auftaucht. Das Ego beansprucht sehr rasch Urheberrechte. Das ist Unwissenheit. Alle Wesen sind am Anfang mit Unwissenheit behaftet, der Hauptgrund für alles Übel dieser Welt.

Oft entwickeln Sucher der Wahrheit, wenn sie sich etwas spirituelles Wissen angeeignet haben, sehr schnell Überheblichkeit und Stolz, etwas gelernt zu haben. Sie fühlen eine innere Macht. Wissen ist Macht; spirituelles Wissen, ohne es innerlich verwirklicht zu haben, ist eine der übelsten Mächte. Weise sie zurück, indem du als das neutrale Gewahrsein-Selbst verbleibst. Das ist das Beste.

Ignoranz, Wissen und Stolz sind alle unwahr, sind alle nichts. Weise sie alle zurück und weise letztlich auch das „Ich" zurück.

Wenn ich mich tief auf die Selbst-Erforschung einlasse, entsteht viel Traurigkeit und Angst.

Das ist eine natürliche Reaktion aufgrund der Stärke des Lichtes, das vom SELBST ausgeht, wenn es sein Gesicht seiner eigenen Quelle zuwendet. Selbst-Erforschung bringt den Verstand zum Nullpunkt zurück, zum unverhüllten „Ich bin". Dann entsteht Traurigkeit, weil der Verstand als das Ego seinen Boden verliert. Die persönliche Identität schwindet durch die Kraft der Innenschau dahin, so taucht ganz natürlich Angst auf. Sei dir dessen bewusst, bleibe standhaft, aber nicht starr. Der Verstand versucht etwas zu retten, was er für wertvoll hält. Jetzt taucht alter, abgestandener Kram auf und übt einen neu entdeckten Reiz aus. Das ist die Stimme der Schlange, die als Nostalgie erscheint. Sei vor ihr auf der Hut. Sie wird fortbestehen, solange sie deine Aufmerksamkeit fesselt. Erinnere dich daran. Du musst jetzt über den Nullpunkt hinaus in die eigenschaftslose Wirklichkeit gehen. Gnade ist schon in dir anwesend.

In Wahrheit existiert kein Gehen, weil du bereits als der ultimative Zeuge hier bist. Vergewissere dich dessen immer wieder. Mache es dir zur Gewohnheit, immer wieder zu überprüfen, was dir durch Bemühung oder Gnade klar geworden ist.

Es scheint viele Fallen entlang des Weges zu geben.

Die erste Falle ist das „Ich". Weise das „Ich" zurück, und keine Falle kann dich schnappen. Die Wirklichkeit kann nicht eingefangen werden. Du bist diese ungebundene Wirklichkeit.

Warum scheint es so schwierig zu sein, das zu realisieren?

Du verlässt dich viel zu sehr auf deinen Verstand. Der Verstand ist nützlich bei praktischem Tun, ist aber wenig hilfreich oder sogar dämonisch im Bereich des spirituellen Suchens. Richte deine Aufmerksamkeit auf Selbst-Erkennen und Selbst-Sein, anstatt den Verstand weiterzuentwickeln.

Wenn du weiter die Aufmerksamkeit auf das nicht verbundene Sein richtest und die Anziehungskraft des rastlosen Verstandes ignorierst, wird dieser ausgehungert und verliert seinen Einfluss auf dich, der du die Wirklichkeit bist.

Du hast aber gesagt, die Wirklichkeit kann nicht eingefangen werden.

Die Wirklichkeit kann nicht eingefangen und nicht befreit werden. Wenn die Wirklichkeit sich als Verstand manifestiert, fällt sie unter den Bann ihrer eigenen Schöpfung. Das wird als Falle bezeichnet, als „Sündenfall". Der einzige Ausweg ist, zu erforschen wer fällt.

Der Verstand oder das dynamische Bewusstsein und die Lebenskraft erschaffen und bewirken, dass alles in der manifesten Welt erscheint. Das dynamische Bewusstsein entsteht aus der Wirklichkeit und ist illusorisch.

Dein Selbst ist die Wirklichkeit. Das ist die Wahrheit.

Der Verstand wird kommen,
er muss kommen.
Aber Du musst nicht gehen!
Bleibe im Lehnstuhl
deines eigenen
unwandelbaren Seins
sitzen.

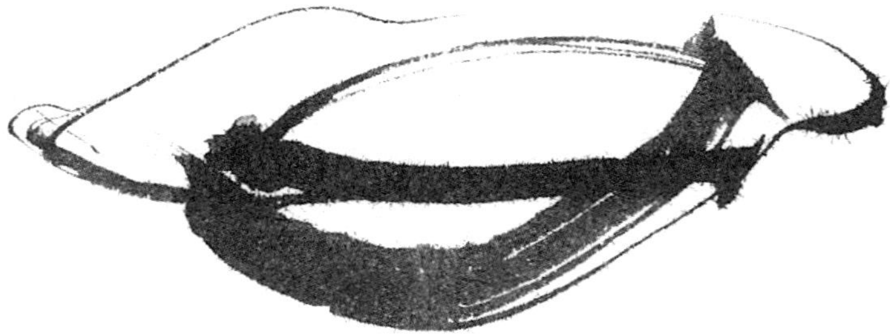

Was du siehst, ist nicht das, was ich bin

Mooji, du konfrontierst uns immer mit der Frage: „Wer bist du?“ Jetzt frage ich dich: „Wer bist du?“

Ich bin das Zeitlose, das Unwandelbare, das Wirkliche.

Woher kommst du?

Von nirgendwo.

Du bist aber hier!

Ja, schon immer. „Ich Bin“.

Warum bist du gekommen?

Die Frage „warum“ ist irrelevant. Ich bin niemals gekommen, ich werde niemals gehen. Ich bin die Existenz jenseits von Grund oder Ursache. Ich bin, jenseits des Verstandes und seiner Welt, so wie du auch.

Ich kann aber sehen, dass du hier vor uns sitzt.

Ja, „Ich Bin“ vor dem Ich. Was du siehst, ist nicht, was „Ich Bin“ – nicht was Ist.

Das verstehe ich nicht…

Du kannst die Wahrheit nicht verstehen, du kannst sie nur erfahren, indem du realisierst, dass du die Wahrheit selbst bist.

Glaube nicht, dass der Verstand dir helfen wird. Sein Job ist es, dich zu verwirren, dich weiterhin in deiner physischen Existenz verweilen zu lassen und Zweifel in dir zu entfachen – er macht seinen Job sehr gut!

<Gelächter>

Es ist nur so, dass deine Mitarbeit erforderlich ist, um dich zu täuschen – ein Job, den du wiederum sehr gut machst.

<Gelächter>

Es ist ein Spiel, ein göttliches Spiel – das meine ich nicht zynisch. Deshalb wird es „Lila" genannt – Gottes Spiel. Es ist deine eigene Maya, die mit dir spielt.

Gedanken kommen und gehen, das Sein nicht. Du bist Zeuge der Gedanken. Du bist die unbewegte Leinwand, auf der die Gedanken und die verschiedenen Aktivitäten des Verstandes wahrgenommen werden. Du hast das Gefühl, dass du als unabhängiges Wesen Teil dieses Spiels bist, während du es gleichzeitig wahrnimmst. Das ist das Rätsel der Existenz. Solange du dich mit dem Ego-Verstand identifizierst, übersiehst du das Offensichtliche – deine eigene formlose Gegenwärtigkeit.

Wie kann ich diese Gegenwärtigkeit finden, von der du sprichst?

Sie kann nicht gefunden werden, sie ist einfach und du bist sie bereits. Kannst du eine Linie zwischen dir und dem Sein ziehen? Wenn du unschuldig „Ich" sagst, bezieht sich das auf die formlose Gegenwärtigkeit selbst. Sie sind Eins.

Ich weiß aber doch noch nicht einmal, was formlose Gegenwärtigkeit ist!

Natürlich weißt du es nicht! Es kann auch nicht gewusst werden. Du bist Das. Das ist, was ich gerade gesagt habe. Wer sucht? Was ist es, das wissen will?

Ich!

Okay, und was ist das „Ich“? Stelle dich mir vor.

Alles das: mein Körper, mein Verstand, meine Gedanken, auch Wünsche, meine Seele...

Wer oder was sagt das? Wer sieht das so? Von wo tauchen diese Worte auf, bevor sie deinen Mund erreichen? Du gibst mir eine Liste von Dingen, du sagst: „mein“ Körper. Ich sage: Wessen Körper? Gehört dir dieser Körper wie dein Auto oder deine Kleider?

Du sagst auch: „mein“ Verstand, nicht wahr? Damit ist gemeint, es ist deins, nicht du selbst.

Du sagst sogar „meine“ Seele: „meine Seele ist voller Freude“ oder „meine Seele war in tiefster Trauer“. Die Seele ändert sich, du bleibst jenseits davon. Du bist Zeuge dessen, was in deiner Seele geschieht, also was bist „Du“?

Ich, ich selbst...

Früher als die Gedanken und Worte und ihre Entstehung – das, was ihnen weder vorausgeht, noch ihnen folgt – was ist das? Berühre dieses „Ich“ nicht, es ist nur ein Wort, es ist ein Konzept. Schaue und denke nicht. Sei still. Beobachte.

Nichts... ich sehe überhaupt nichts.

Nichts – das ist korrekt. Nichts, im Sinne von formlos, jenseits von Form, jenseits von Zeit. Du bist kein Objekt, wie könntest du das sein? Jedes Objekt, mental oder physisch, erscheint, fließt oder schwimmt durch dein Bewusstsein. Und wir sind Zeuge dieses Bewusstseins, seines Inhalts und seiner Aktivität. Kannst du das bestätigen?

Ja... ja... so bin ich also dasselbe wie du?

Ja. Ja ... werde langsamer, damit die Worte, die du sprichst, sich nicht von dem unterscheiden, was du bist. Lasse nur den Gedanken fallen: „dasselbe wie“.

Ich bin du.

Ja.

<*Denkpause*>

Wie wäre es damit, auch das „Du“ zu streichen? Kannst du das tun?

<*Langes Schweigen*>

Als du gesagt hast, „Ich bin du“, war mit dem Wort „du“ Mooji gemeint? Meinst du diesen Körper, der auf diesem Stuhl sitzt?

<*Mooji schüttelt seinen Körper wie eine Art Puppe*>

Im Licht dieser Innenschau: Ist dieser Körper Mooji? Dieser Körper unterscheidet sich nicht von jenem Körper oder all den anderen Körpern.

<*Mooji zeigt dabei auf die Menschen im Raum*>

Er besteht aus den Elementen und ist Futter für die Elemente. Würmer oder Feuer erwarten ihn. Ist es das, was du bist?

Viele Mystiker sagen Dinge wie: „Alle sind eins, ich bin du, du bist ich, kein Unterschied“, „Ich bin all das“. Aber solange es nicht deine Erfahrung oder dein Verständnis im Herzen ist, sind es bloß Worte für dich, leere Worte. Wenn du nur davon sprichst, was du glaubst oder gehört hast, merkt man direkt, dass es nicht wahr ist. Auf einer energetischen Ebene wird dein Duft nur als der Duft einer Person gerochen und wahrgenommen. Es ist besser, nichts zu sagen, einfach still zu bleiben.

So, noch einmal, was bist du?

Ich bin.

Ja, sehr gut! Jetzt lasse das „Ich bin“ fallen.

<Lange Stille>

Wer entfernt das „Ich bin"?

Sag' du es mir!

<Der Fragende lächelt>

Wenn ich nichts bin, dann entfernt niemand nichts, das Entfernen geschieht einfach.

So ist es. Sehr wahr.

Jetzt kümmere dich nicht einmal um „Entfernen" und „Geschehen". Greife nicht zu Arroganz und Gewitztheit. Greife keine Idee auf. Greife überhaupt nichts auf.

Die größte
Leistung
ist, wenn
niemand da ist,
um überhaupt
irgendetwas zu leisten.

Weise die Idee von einem oder jemand zurück, der Schauen und Leben „macht“, und lass’ das Schauen und Leben einfach geschehen. Das irreführende „Ich“ ist dafür erfunden worden, die Dualität schmackhaft zu machen. Es richtet viel Schaden an, bis es schließlich als illusorisch erkannt und verstanden wird. Lass es einfach sein – es ist nicht das, was du bist.

Sei nicht im Ego verwurzelt. Löse dich von diesem Gefühl von einem „Ich“, indem du es fortwährend als ein Phänomen erkennst, das im Raum deines Selbst, der unwandelbaren Realität, auftaucht. Die Sinnesorgane werden weiter funktionieren, das Wahrnehmen wird weiter stattfinden. Absichten sind aber nicht mehr erforderlich.

Räume keinem Konzept Wohnrechte ein, am Ende noch nicht einmal dem persönlichen „Ich bin“. Wende deine ganze Aufmerksamkeit der Frage zu, „Wer bin ich?“ Tauche ein in das hartnäckige Seinsgefühl, das „Ich“. Was zeigt sich hier drinnen im Körper als „Ich“? Ist es erkennbar? Hat es ein Geschlecht? Kann es als greifbare Wesenheit identifiziert werden? Finde es heraus!

Warum legst du ständig so großen Wert auf die Selbst-Erforschung?

Die Selbst-Erforschung ist so schonungslos, dass sie, wenn man den Sinn dieser Innenschau begreift und sie mit Ernsthaftigkeit verfolgt, das Ego-Gefühl in uns unmittelbar als bloße Erscheinung, als unwirklich, entlarvt.

Nur dieser Versuch, das illusorische „Ich“-Gefühl zu fassen, bricht seinen Bann, und folglich lässt es dich als das reine Selbst-Gewahrsein zurück.

Selbst-Erforschung ist keine Lehre. Ich sage, es ist wie in einen Spiegel schauen. Der Spiegel lehrt dich nichts. Er wertet nicht und beklagt sich nicht. Er reflektiert lediglich das reine Subjekt, und dieser Spiegel erinnert uns eindringlich daran, was wir sind, indem er offenlegt, was wir nicht sind.

Anfangs macht es etwas Mühe, weil sich niemand fragt: „Wer bin ich?“ Wir fragen immer nur: „Wer bist du?“ oder „Wer ist sie?“ oder „Wie kann ich sie kennenlernen?“

<*Gelächter*>

Aber niemand stellt diese Frage, „Wer bin ich?“ Warum? Vielleicht weil es auf der intellektuellen Ebene keine zufriedenstellende Antwort auf diese Frage gibt und das kann frustrierend für das Ego sein. Doch fängt man mit Durchhaltevermögen, mit Glauben und Geduld allmählich an, ganz subtil eine innere Schwingung wahrzunehmen, und mit ihr offenbaren sich eine zunehmende Leichtigkeit und Freude. Sei eins mit diesem inneren Empfinden, ohne deine Aufmerksamkeit abschweifen zu lassen. Bald wird es ganz natürlich sein, einfach zu sein und zu wissen, dass du das reine Selbst bist.

Ich begann mit der Bemerkung, dass niemand diese Frage stellt. Vielleicht wirst du auch entdecken, dass niemand diese Frage stellt – oder irgendeine andere Frage! Fragen tauchen wie alles andere einfach nur auf, genötigt von einer nicht erkennbaren Macht! Das Sein scheint sich selbst hierher gebracht zu haben, um die Dualität voll und ganz zu erfahren und dennoch in seinem ursprünglichen Gewahrsein zu verweilen. Im Bann der Maya wird das Sein für eine Weile unter dem Einfluss von Zeit, Raum und scheinbaren Ereignissen stehen. Während es sich selbst für eine Person hält, wird das Sein häufig Verwirrung und Konflikte erleben, denn das Dasein als Person ist ein aggressiver Zustand. Aber in Wirklichkeit ist das Sein Zeuge davon – der nicht betroffene und unpersönliche Zeuge aller Phänomene. Leiden dient manchmal dazu, dem getäuschten Wesen dabei zu helfen, sich an seine reine Quelle zu erinnern und dort etabliert zu werden.

Das Sein erfreut sich eine Zeit lang daran, die Rolle einer Person zu spielen. Das ist Teil der Traum-Existenz und unvermeidbar. Das geschieht, ohne dass irgendetwas auf der feinsten Ebene des Bewusstseins verloren oder verändert wird.

Es gibt immer noch eine Menge Vorlieben, die in meinem Verstand aktiv sind.

Schenke dem nicht so viel Aufmerksamkeit. Richte deine Aufmerksamkeit nur auf das Gefühl des Seins, das natürlich, still und tatenlos ist. So wirst du schneller bemerken, dass der Verstand in Form von Wünschen erscheint. Weil diese jedoch von Natur aus illusorisch sind, ist ihre Wirkung ohne Folgen, und sie hinterlassen somit keine Fußspuren im Bewusstsein. Mit dieser Erkenntnis werden dein Leben, die Erfahrung und die Erinnerung daran zu einer Art Schreiben auf Wasser – eine Minute später kannst du nichts mehr davon lesen, es ist verschwunden! Innerlich wirst du dich schwerelos, gelassen und frei fühlen.

Das Sein muss nicht an der Geschichte von sich selbst festhalten. Es ist ohne Geschichte, es ist zeitlos. Verstand ist wie Wind. Sein ist wie Raum. Es ist die Eigenart des Windes umher zu blasen – das ist seine Natur. Aber der unendliche Raum ist bewegungslos. Du bist wie Raum, formlos und unbegrenzt. Wisse dies.

Dieses Bewusstsein, das unbewegt, mühelos, über das Konzept von Stille hinaus still ist, kennt sich selbst nicht als solches. Dennoch gibt es dieses seltsame Paradox. Aus sich selbst heraus entsteht all dieses Mitgefühl, all diese Liebe, die das Selbst für sich selbst in der Form der Menschheit, in der Form von „anderem", zeigt. Wenn nach diesem andersartigen gesucht wird, kann es nicht als vom Selbst unabhängig gefunden werden.

<Stille>

Es kann Angst auftauchen, sobald sich das konditionierte Selbst vom scheinbar Bekannten in das scheinbar Unbekannte bewegt. Die Vorstellung, die wir von uns selbst haben, ist so anfällig für Misstrauen, Schuldgefühle und Angst und benötigt ständige Bestätigung.

Das konditionierte Selbst fürchtet sich davor, sich dem Unbekannten hinzugeben, und stellt sich das als einen unfairen Machtverlust vor, der zu einem immensen Gefühl von Verletzlichkeit ohne Garantien führt. Es fühlt großes Unbehagen und tiefes Misstrauen:

„Wenn ich meine Selbstkontrolle vollständig aufgebe, bleibt kein ‚Ich' mehr übrig, das sich weiterhin um mein Leben kümmern könnte! Vielleicht verwandele ich mich in einen dieser haarigen Babas, die man auf den Straßen umherziehen sieht. Nein, nein, ich kann und will dieses Risiko nicht eingehen!“ Plötzlich erscheint einem die langweilige Büroarbeit als wirklich erstrebenswert!

<Gelächter>

Kann ich dich etwas über Angst fragen, Mooji? Ich möchte dir erzählen, dass es mir manchmal so vorkommt, als würde Angst mein Leben vergiften. Und sogar jetzt, wo ich hier mit dir zusammensitze, bin ich erstaunt darüber, dass diese Angst kommt!

Warum nicht erstaunt sein, wie diese Angst vergeht?

<Gelächter>

In dem Augenblick, wo sie gesehen wird und herausgefunden wird, wer sie erleidet, ist sie auch schon wieder verschwunden! Wie oft werden wir an einen Abgrund gebracht, wo ein Verhängnis unausweichlich zu sein scheint: „Oh, mein Gott, ich werde bei lebendigem Leib gefressen und von diesem Monster verschluckt!“ Erforsche jetzt: „Welches Monster? Wo ist es? Wer wird gefressen? Was wird sterben?“ Stelle dir deine Ängste bildlich vor. Sei stark und mutig! Sage: „Zerreiß’ mich und schluck mich herunter. Hier bin ich!“ Heiße dieses Geschehen willkommen. Übergib deine Existenz der Existenz, aber verschließe deine Augen nicht. Sei völlig entschlossen, nichts in diesem Katastrophenfilm zu verpassen. Schau dir den Moment deiner eigenen Vernichtung in der ersten Reihe an, wenn es ihn geben sollte. Aber erinnere dich an eine Sache, nämlich dir bewusst zu sein, wer das beobachtet.

Wirst du das tun? Ist es nicht erstaunlich, wie schnell die Angst verschwindet? Ist es nicht erstaunlich festzustellen, dass dich eigentlich nichts berührt, wenn du zur Erkenntnis gelangst: „Ich bin raumartiges Gewahrsein!“

Ist es nicht unglaublich herauszufinden, dass das ganze Dasein nichts als ein göttliches Spiel ist, ein großartiger Schein – und dass man es als einen großartigen Schein“ genießen kann, sobald die

Identität überwunden ist? Das „Ich", das am Morgen nach Pondicherry reisen wird, ist auch nur ein großartiger Schein. Genieße die Reise!

Aber Mooji, die Angst ist sprichwörtlich . . . ich meine, alles, was ich bisher getan habe, ist eigentlich von Angst bestimmt gewesen. Es ist wirklich hart, „die Reise zu genießen", wenn man von der Angst attackiert wird, wenn sie wirklich explodiert. Dann gibt es keinen wirklichen Frieden . . . nur ein Gefühl verloren zu sein . . .

Ja, ja, ein heftiges Pulsieren kann auftreten und zwar mit solcher Stärke, dass du dich völlig hilflos fühlen könntest. Sollte sich Hoffnungslosigkeit einstellen, dann lege dich zu ihren Füßen nieder und bleibe ruhig. Kämpfe nicht und bewerte nicht. Gib dich dem hin, was ist. Wie Rumi sagt: „Lass' dich von dem, der dich hierher gebracht hat, auch wieder aufrichten, wenn es sein Wille ist."

Es kann sich auch so anfühlen, als wärst du gefangen genommen worden, als wärst du aus dem Hinterhalt von alten Ängsten oder Mustern überfallen worden, die energetisch so laut erscheinen, dass du nicht im Stande bist, sie in diesem Moment zu erforschen. Sollte das passieren, dann lasse die Selbst-Erforschung bleiben, übergebe dich dem Verbrennen, lass' es einfach geschehen. Das musst du tun. Kämpfe nicht! Begrüße diesen Augenblick. Halte ihn nicht fest, aber lasse seinen vollen Ausdruck zu, und alles wird sich in einen unglaublichen Frieden verwandeln! Werde offen, angstfrei und durch ständige Beobachtung weise. Kenne den Pfad zum ewig freien Leben. Verbleibe als das stille Gewahrsein, und das Unsichtbare wird dir wie eine gute Haushälterin erscheinen, die in dein Haus kommt und es sauber fegt. Das ist Gnade, die der Gnade dient.

Ich werde weiterkämpfen!

Höre auf zu kämpfen. Genug gekämpft! Siehe, wie müde du durch unnötigen Kampf geworden bist. Wer und wo ist der Feind?

Er scheint überall zu sein.

Das ist das Drama und der Streich des Verstandes, der von Täuschung durchtränkt ist. Probiere jetzt einmal eine neue Herangehensweise aus: Übergebe deine Existenz der Existenz. Höre auf zu schwimmen. Gebe den Drang auf, dich selbst zu retten. Tue es jetzt! Ich bin hier und schaue zu. Halte nicht am Gedanken fest: „Nein! Ich kann es nicht! Ich kann doch Anstrengung nicht zurückweisen!" Das macht es schmerzhaft, verstehst du? Im Loslassen und Seinlassen liegen Frieden, Stille und Klarheit, die aus völliger Abwendung entstehen.

Lass' das Leben einfach sein ...

<Mooji atmet tief ein und aus>

... aaah ... ja!

<Ein zweiter Fragender> Mooji, wer lässt los?

Kein Individuum. Keine Person. Es ist eine falsche Vorstellung, dass eine Person etwas unternehmen oder ungeschehen machen kann, um Frieden herbeizuführen.

Diese Vorstellung führt zu der ganzen Verwirrung, Frustration und dem Kampf, verstehst du? Es ist das Bewusstsein selbst, welches das Gefühl, eine Person zu sein, loslässt.

Das kann man auch noch auf eine andere Weise ausdrücken: dem inneren Wunsch oder Impuls entsprechend, vom psychologischen Leiden, welches auf Grund der falschen Identifikation mit dem Funktionieren von Körper und Geist herrührt, befreit zu werden, entsteht spontan innerhalb des Selbst ein Gefühl von Befreiung und Loslassen.

Wenn sich anstelle der erwarteten, vorgestellten Krise die Befreiung vom Bann des illusorischen Egos einstellt, herrschen Raum, Leichtigkeit und Freude vor.

Loslassen ist keine grandiose Initiation: „Soooo, lasst uns heute alle zusammen loslassen!"

<Gelächter>

Nein. Es ist eine innere Schwingung, eine subtile Intuition. Eine sanfte Öffnung zeigt sich und ein neues Strömen beginnt – es ist ein Strom von Gnade.

<Stille>

<Mooji wendet sich wieder dem ersten Fragenden zu>

...du wolltest noch etwas sagen?

Es ist nur so... na ja... diese Angst attackiert mich sehr oft. Es gab Nächte, da kam die Angst fünf bis sechs Mal. Ängste tauchen aus dem Nichts auf, weißt du...

Ja, ja... und wo sind sie hingegangen?

Gut... sie verschwanden schließlich... am Ende verschwanden sie ...Gott sei Dank!

<Gelächter>

Aber wo sind die Ängste hingegangen? Sie kamen nirgends her, wohin sind sie gegangen?

Ich weiß es nicht, Mooji... manchmal habe ich versucht sie festzuhalten, aber sie sind... einfach verschwunden!

<Gelächter>

Irgendwie von nirgends woher erscheint unerwartet Gnade und entfernt Schmutz aus deinen Augen und einen Stachel aus deinem Herzen.

Wenn aber die Angst da ist, sie ist so stark, so plötzlich da... sie kommt so rasch! Aber wenn sie wieder gegangen ist, ist es so... ich weiß nicht, wie ich das ausdrücken kann...

Ich lade niemanden dazu ein oder ermutige ihn zu versuchen, diesem Geschehen einen Sinn zu geben. Es ist als ob eine Art von mysteriöser Taxidermie stattfindet, bei der du innerlich ausgehüllt und mit Leere gefüllt wirst.

Übergib deine Existenz der Existenz und bleibe ruhig. Es ist eine gute Sache, dass du darüber keine geschliffene Doktorarbeit schreiben musst, du bleibst von dieser Last verschont. Sowie die Schwierigkeiten auftreten – sind sie auch schon verschwunden!

<Gelächter>

Aber du, du bist nicht gegangen. Du bist hier, und bezeugst sogar die subtilste Regung, die sich in dir zeigen mag. Auch wenn es so schnell geht, *<Mooji schnipst mit seinem Finger>*, du bist noch schneller. Warum?

Weil du hier bist, um sogar Lichtgeschwindigkeit wahrzunehmen. Du bist das Schnellste, wenn du mit der mühelosen Stille eins bist!

Vollkommen frei
von Konzepten
zu sein,
ist die höchste Freude
und Freiheit.
Sobald die Identität
beginnt sich aufzulösen
und alle Konzepte
ihre Macht einbüßen,
offenbart sich
eine Überraschung
– das unteilbare SEIN.
Finde das
für dich selbst
heraus.

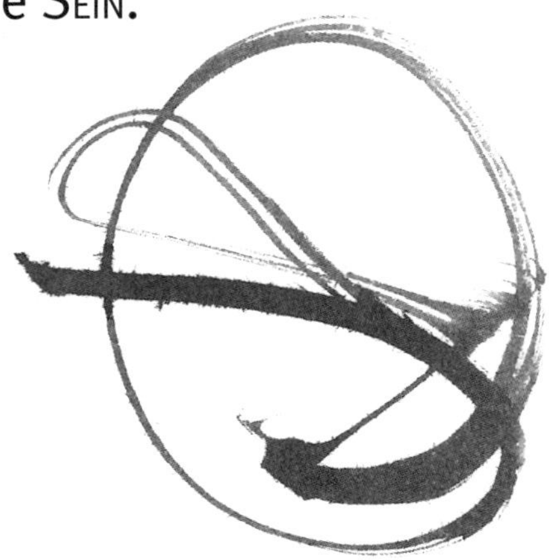

Ab mit deinem Kopf

Weißt du, Mooji, ich glaube, ich verstehe diese Selbst-Erforschung gar nicht. Ich weiß nicht . . . ich kapier' es einfach nicht . . . ich muss da wirklich total ehrlich sein.

Ja, ja, totale Ehrlichkeit ist erforderlich.

<Gelächter>

<Ein weiterer Fragender> Entschuldige, ich habe genau dieselbe Frage. Ich verstehe gar nichts. Angeblich soll ich das „Ich" ausfindig machen? Ich habe das über Jahre versucht . . .

<Erster Fragender> Ja, ich auch . . .

<Zweiter Fragender> Auch ich weiß nicht wirklich, was ich tun soll . . .

<Erster Fragender> Ich auch nicht!

<Großes Gelächter>

Welche Komödie! „Was ist zu tun?" ist das Mantra des Verstandes. „Bleibe still", ist die Antwort, aber dem Verstand entgeht dieser hervorragende Rat. „Was ist zu tun, was ist zu tun, was ist zu tun?"

Wer hat dich angestellt, überhaupt etwas zu tun?

<Gelächter>

Okay. Noch einmal von vorne. Arbeite mit mir zusammen. Vergiss alles, was du schon gehört hast. Fange ganz von vorne an. Worte sprudeln aus euch heraus wie: „Ich kann nicht verstehen, ich, ich, ich, soll ich hier und dort schauen? Das ist zu viel für mich!"

Wer spricht diese Worte? – Ich möchte jetzt demjenigen vorgestellt werden.

<*Gelächter*>

Du! <*Mooji zeigt auf den Fragenden*> Antworte!

<*Der Fragende seufzt*> *Aber ich kann es nicht . . . Ich verstehe die Selbst-Erforschung nicht. Mein Verstand wird ganz konfus und unruhig.*

Versuche nicht, die Selbst-Erforschung zu verstehen. Denke nicht, schau'! Wer ist derjenige, der sagt: „Ich kann es nicht, ich verstehe es nicht . . .“? Hat er eine Form, eine bestimmte Größe oder einen Körper?

Wie soll ich danach schauen, wenn ich nicht . . .

Noch einmal: „Ich“ ist was?

Ich bin verwirrt!

Wer ist verwirrt?

Ich! <*Gelächter*> *Ich bin völlig verwirrt. Ich habe keinen Anhaltspunkt!*

Ja, ja. Du bist dir dieser Verwirrtheit bewusst. Und wenn du nicht verwirrt bist, dann sagst du: „Ah, ich bin entzückt!“ Also bist du dir beider Zustände bewusst, dem verwirrten Zustand und dem entzückten. Deshalb musst du getrennt von ihnen sein. Sei dort . . . wo du bereits bist, an dem Ort, der unteilbar ist.

Kann ich etwas sagen? Sollte ich sagen: „Wer bin ich, der sich der Verwirrung bewusst ist?“ Funktioniert das so?

<*Gelächter*>

Nein, jetzt ernsthaft . . .

Ernsthaft? Ab mit deinem Kopf!!!

<*Mooji schneidet mit seiner Hand durch die Luft und simuliert damit die Bewegung eines Schwertes*>

<*Gelächter*>

<*Danach ... Stille*>

Oh, dieses „Ich" ist weg! Ich versuche auszumachen, wohin es verschwunden ist ...

Es ist in diesem Augenblick nicht vorhanden, aber welches „Ich" versucht es auszumachen? Denke nicht, schau'! Schau dir die Absurdität des allseits bewunderten Verstandes genau an!

Ich versuche es zu fühlen, indem ich in mein Herz gehe, ich denke ... gut, irgendwo in meinem Zentrum oder ... nein, das ist es auch nicht ... es ist eher, dass ich ...

Halt die Klappe!

<*Stille*>

Wenn ich zuhause Selbst-Erforschung praktiziere, sage ich einfach: „Wer fühlt diese Emotion?" Und dann ist die nächste Frage: „Was ist dahinter?"

Okay, das ist es! Du bist entlassen!

<*Großes Gelächter*>

Und kann ich nachforschen, wer entlassen ist?

<Noch mehr Gelächter>

Im Augenblick bist du entlassen! Dein Verstand ist entlassen. Aber er wird sich weiterhin zur Arbeit melden.

<Gelächter>

Wie gesagt, bleibe einfach nur ruhig. Sei einfach ruhig. Du hast nichts zu tun, nichts zu begreifen. Lass die Finger weg von der Idee, dass dir irgendetwas fehlt. Rühre keinerlei Gedanken an! Okay? Ich werde mich um dich kümmern. Du bist nicht mehr deine Angelegenheit. Du bist meine Angelegenheit. Okay?

Ja... okay...

<Ein wenig Gelächter... dann langes Schweigen>

...danke, Mooji.

<Schweigen>

9

Wenn
die Person
eine Raupe ist,
ist ein Schmetterling der Weise.

Würdest du sagen, dass du Gott bist?

Was ist deine Meinung zu den verschiedenen Religionen der Welt?

Alles ist gut; auch das Nichtreligiöse ist gut. Sie spielen alle ihre Rolle und erfüllen ihren Zweck; doch ich befinde mich jenseits davon, losgelöst von ihnen allen. Gut oder schlecht – ich brauche sie nicht.

Das ist kein urteilender oder überheblicher Standpunkt. Es bedeutet einfach, dass alles, was im Rahmen meines Wahrnehmungsfeldes erscheint, wie Denken, Sehen, Fühlen, Sein, von meinem Dasein abhängig sein muss, um dieses Erscheinen wahrnehmen und davon wissen zu können.

Ohne „Ich" existiert nichts. Das „Ich", die notwendige, bewusste Präsenz, ist bei allem der entscheidende und wichtigste Faktor. Ohne mich existiert nichts. Wenn ich nämlich nicht existiere, dann kann es auch nichts geben, das unabhängig von mir von der Existenz oder Nichtexistenz irgendeines Phänomens wissen könnte.

Könntest du also sagen, dass du Gott bist?

Ich könnte sagen, dass ich Gott bin, aber das würde nichts bedeuten, da Worte nicht ihren Sprecher beinhalten können.

Ich kann aber auch nicht der Sprecher sein, denn er wurde nie in irgendeiner Gestalt, Größe oder Form gefunden, obwohl gründlich nach ihm gesucht wurde.

Selbst Gott muss in meinem Verstand als ein begriffliches Wesen vorkommen, damit ich überhaupt Kenntnis von ihm haben kann, ganz gleich wie subtil diese auch sein mag.

Er kann nicht außerhalb meines Bewusstseins existieren, deshalb muss er bestenfalls das Bewusstsein sein, das ich bin.

Um es klar zu sagen, was es auch immer sein mag, das als Sucher fungiert, ich bin auch das nicht, da ich auch Zeuge des Gefühls des Suchens bin, das ohne einen greifbaren Sucher stattfindet.

Alles, was dazu gesagt werden kann, ist: Das, was ich bin, muss subtiler und sogar vor dem Gefühl von „Ich Bin“ sein, dem intuitiven Gefühl subjektiver Existenz, weil selbst das „Ich Bin“ wahrgenommen wird.

Daher muss das, was ich wirklich bin, was ist, das subtilste Prinzip sein.

Dieses Prinzip muss die einzige Konstante sein für alles „andere“, was kommt und geht und was innerhalb des Unwandelbaren wahrgenommen werden kann.

Glaubst du an einen persönlichen Gott, wie die Hindus an Ishwara, die Moslems an Allah, die Christen an Christus?

Für mich ist Gott persönlich und unpersönlich, er existiert und existiert nicht, und ist jenseits solcher Ideen. Es gibt ihn natürlich, wenn sich meine innere Verfassung nach ihm als Gott sehnt. Dann erfreue ich mich an ihm als Vater, Mutter, Freund, Weisheit, Gegenwärtigkeit, Gnade, mystisches Wissen, Güte und mitfühlende Liebe.

Zu anderen Zeiten existiert er nicht, gemeint ist damit, dass er eins ist mit meinem Bewusstsein als reines qualitätsloses SEIN, jenseits von Glauben, jenseits von Dualität.

Ich empfehle keine theologischen oder philosophischen Debatten über Gott, weil sie meistens Ablenkung und eine Vergeudung von Zeit und Energie sind. Sie führen weder zu einer wirklichen Einsicht noch zu einem bedeutenden Abwenden vom trockenen Intellektualismus.

Vermeide das!

Das ist es, was mich am meisten zu dir hin gezogen hat: die Balance zwischen Jnana und Bhakti (dem Weg des Wissens und der Hingabe). Das finde ich einzigartig an deiner Art. Es ist die Wärme, die dich für mich lebendig macht, weil sie mir die Möglichkeit eröffnet, deinen Lehren zu vertrauen, was meiner Ansicht nach das Wichtigste ist; denn es bringt mich in die Gegenwart von Gott selbst.

Ich möchte dir dafür danken.

<Stille>

Das Höchste ist,
alles loszulassen
und nur in der Leere des SELBST
zu verbleiben.
Der Verstand widersetzt sich dem,
was dich im Innersten deines Wesens trifft,
weil Das den Teufel austreiben wird.
Der Verstand darf
nicht dein Guru bleiben.
Wenn du dich in der
Gegenwart der Gnade
befindest, wirst du spüren,
dass dich viele Dinge in
deinem Inneren aufwühlen.
Deine Welt wird auf den Kopf gestellt.
Es ist so, als würdest du
aufgebrochen und
lebendig verschluckt werden.
Solch ein glückliches Schicksal
widerfährt einem, der
Prasad für Gott werden soll.

Nichts existiert ohne einen Wissenden

Wenn ich die Natur betrachte, fühle ich viel Ehrfurcht angesichts ihrer Pracht und Großartigkeit, und ich wundere mich, woher das alles kommt?

Von Gott. Gott erschafft dies alles. Mein Vater; er allein erschafft und erhält das Universum.

Was ist mit der Erschaffung durch den Menschen?

Gott erschafft die Menschheit, deshalb ist die Erschaffung durch den Menschen auch Gottes Schöpfung. Alles ist Gott, alles ist in Gott und Gott ist in allem.

Warum bezeichnest du Gott als „Er“ und „Vater“?

Das ist meine Erziehung, nichts weiter. Gott ist weder „Sie“ noch „Er“, weder Vater noch Mutter, weil Gott formlos ist.

Muss man an Gott glauben, um Befreiung zu erlangen?

Nein, Glaube an Gott ist nicht notwendig. Es gibt einen schönen Hadith im Islam: „Wer sich selbst sucht, findet Gott. Wer Gott sucht, findet sich selbst.“

Versuche deshalb, dein SELBST zu erkennen. Du existierst vor der Erkenntnis, vor dem Glauben und sogar vor der Erfahrung. Dein SELBST ist das früheste. Alle Formen, Vorstellungen und Empfindungen erscheinen später. Du bist zuerst und vorher da. Wie könnte sonst Existenz wahrgenommen werden? Dein SELBST existiert vor jeder Form, für die Kenntnis des SELBST bedarf es jedoch eines Körpers.

Nichts existiert ohne einen Wissenden.

Keine Form kann ihre eigene Existenz bezeugen. Nur das Empfindungsvermögen kann wahrnehmen und Erfahrungen machen. Du bist das Empfindungsvermögen und auch jenseits davon, weil sogar das Empfindungsvermögen beobachtet werden kann. Du solltest tief darüber nachsinnen.

Was hat es mit den Religionen auf sich? Sie scheinen für einen großen Teil des Leidens und der Kriege in der Welt verantwortlich zu sein. Wie kann jemand, der Krieg führt, Gott kennen?

Vergiss das alles. Alle diese Bedenken helfen dir nicht, dein Selbst zu erkennen. Der Verstand ist es, der alle diese Dinge wissen möchte.

Du befindest dich jetzt nicht in einer Kriegssituation, du bist hier an einem wunderschönen Ort. Genieße diese Umgebung; nutze diese Gelegenheit, deine wahre Natur zu entdecken. Wenn es etwas vom Krieg zu lernen gibt, dann ist es, dass Aggression von der Unkenntnis über das wahre Selbst herrührt.

Wenn der Geist die endgültige Realität entdeckt, nehmen alle Feindseligkeiten, innen wie außen, ein Ende. Nur der Weise ist ein vollkommenes Beispiel dafür, was die Menschheit imstande ist zu erreichen. Einer, der die Wahrheit sucht, sollte dem Weisen nacheifern.

Und wenn einer keinen Weisen finden kann?

Der wahre Weise ist in dir, er ist deine ureigenste Wirklichkeit. Diese ist nicht dein Verstand. Der Verstand verbirgt den Weisen. Wenn der Verstand da ist, ist der Weise nicht da. Wenn der Weise da ist, ist der Verstand nicht da.

Das Prinzip hinter dem Erkennbaren, von dem die Fähigkeit der Wahrnehmung und des Denkens herrührt, entsteht selbst jedoch nicht – erkenne das als wahr an. Du bist Das.

Manchmal sagst du, „vergiss alles“, ein andermal, „erforsche“ und dann sagst du auch, „vertraue auf Gott“. Welcher Rat ist der Beste?

Jedem gebe ich den ihm angemessenen Rat, entsprechend seiner Fähigkeit, die Wahrheit in sich aufzunehmen.

Advaita betont die eine unteilbare Wirklichkeit, aber du, ein Advaita-Meister, sprichst von Glauben, Vertrauen, Gott, Hingabe und Selbst-Erforschung. Ich bin davon etwas überrascht.

Wie verschiedenartig meine Ausdrucksweise oder meine Sprache auch sein mögen, wie vielfältig die Manifestation auch in Erscheinung treten mag, alles hat dieselbe DNA als Bewusstsein, alles entspringt der einen Quelle. Für mich ist alles Bewusstsein und existiert nur im und als Bewusstsein. Es ist das Bewusstsein, das auf solche Weise in diesem als Mooji bezeichneten Körper spielt. Was kann ich da machen? Meine Worte für sich genommen sind nicht wirklich, aber das, von wo aus und worauf sie hinweisen, ist wirklich.

Was vielleicht
viele Wahrheitssucher
zu dieser Vermittlung
der Nicht-Dualität hinzieht,
ist, dass sie aus
dem Herzen fließt.
Es ist keine Weitergabe
von trockenen Lehren,
sondern sie bringt dich vielmehr
mit deiner Quelle in Berührung.
So entdeckst du,
dass Weisheit und Liebe eins sind.
Du erkennst, dass
Einheit und Dualität
nicht miteinander in Konflikt stehen.
Dennoch,
das reine Selbst
ist jenseits davon.

Leere, die in der Form eines menschlichen Wesens umhergeht

Sei leer. Sei Leere, das ist das Geheimnis. Versuche es. Lies ein Buch, aber bleibe völlig leer – das Lesen vollzieht sich in perfekter Klarheit, und die Worte bleiben auf der Seite. Genieße selbst eine Unterhaltung in völliger Leere – Unterhaltungen geschehen als natürlicher Fluss. Beobachte, und allmählich wirst du wirklich sehen, dass sich das ganze Leben in le [illegible] em Gewahrsein abspielt. Ebenso wirst du erkennen, dass Wahr [illegible] nung, Aktivitäten, Träumen, einfach alles, sich als natürlich [illegible] ruck des Seins in Manifestation ereignen.

Tatsächlich funktioniert [illegible] und so wird es auch wahrgenommen – mit größer [illegible] monie und Spontaneität ohne das angenommene [illegible] ie angenommene Subjektivität der Person – ei [illegible] ckung!

Schau dir doch [illegible] ein Ende an. Du bist Leere, die in der F [illegible] Vesens umhergeht. Vergiss dich und en [illegible] dein ganzes Sein bestätigen, was du ver [illegible]

Das ist [illegible] atsang kommst – nämlich um das zu ent [illegible] ubt hast, du hättest es verloren – dein [illegible]

De [illegible] er und Geist werden diese Verwirklich [illegible] d Schönheit ausstrahlen, dass andere [illegible] ide Menschen kommen werden, um im [illegible] Zuflucht und Schutz zu suchen.

[illegible] ort tragen Menschen ihre Rucksäcke der Per [illegible] um. Sogar am Strand hat jeder einen davon!

<Gelächter>

Was ist dieser Rucksack? Es ist die „Ich"-Identität. „Ich bin einzigartig. Ich kümmere mich um mich, den Körper und Geist. Sieh', wie sich das ausgezahlt hat – schau' doch meine Schönheit an!"

<Noch mehr Gelächter>

Sie können sich nicht von diesem mit Staub gefüllten Beutel trennen. Derweilen ist es einfach nur die Natur, die sich durch jede Form auf einzigartige Weise ausdrückt. Sie drückt Beurteilungen und Vorlieben rein oberflächlich aus. Sie handelt, als ob sie ein autonomes Individuum sei, das nicht mit anderen empfindsamen Wesen verbunden ist. Tatsächlich ist aber das Gegenteil der Fall – es ist das Eine, das als das Viele spielt.

Nimm das Beispiel von der Welle und dem Ozean. Die Bewegung jeder einzelnen Welle hat den ganzen Ozean unter und um sich herum. Keine Welle, nicht einmal ein Tsunami, besitzt Autonomie. Sie kann nicht sagen: „Ich werde von mir aus diese Richtung einschlagen, ich werde nicht den anderen folgen."

Wenn eine starke Identifizierung mit dem Instrument vorliegt, durch das die Lebenskraft und das Bewusstsein Erfahrungen machen, dann scheint die Identität die Qualitäten des Instruments für sich selbst zu halten und erstickt vor Arroganz und Stolz. Vielleicht fühlt sie sogar heimlich: „Die Welt wäre ein besserer Ort, wenn jeder so wie ich wäre."

Ich sage, „Sei ein Zuschauer und kein Diktator".* Lerne, dieses Ego-Gefühl zu beobachten, indem du ständig das Wirkliche vom Unwirklichen unterscheidest. Das Unwirkliche ist veränderlich. Es erscheint als Verstand, Stimmung, Zeit und als persönliche Beziehungen.

Das Wirkliche ist das Unsichtbare im Sichtbaren. Es ist der einzige Seher, der selbst nicht phänomenal gesehen werden kann. Es kann

* Wortspiel mit dem ähnlichen Klang der Worte im Englischen „be a spectator not a dictator".

nur dadurch erkannt werden, dass verneint wird, was gewusst und gemessen werden kann, was relativ und variabel ist.

Sobald man sich erkennt und sich mit dem unpersönlichen Zeugen identifiziert, wird sich der entfaltende Strom von Gedanken, Effekten und Ereignissen nur noch in seinem vorübergehenden „Kommen und Gehen" wahrgenommen, hinterlässt aber keine Fußspuren mehr im Bewusstsein.

Während das höchste Verständnis reift, löst es die Vorstellung eines persönlichen Selbst auf. Dinge passieren nicht länger mehr einem „Ich", sondern sie geschehen einfach nur aus sich selbst heraus, entfalten sich jedoch ohne Chaos. Stattdessen fühlt und beobachtet man wirkliche Harmonie, die von grenzenloser Freude, Stille und Liebe begleitet wird. Alles, was wir tun, alles, was wir wahrnehmen, entsteht aus und in der Leere. Diese Leere ist nicht starr, steril oder ausdruckslos. Sie ist eigenschaftslos wie Raum. Das ganze wundervolle Universum tanzt in ungeborenem Gewahrsein. Alles geht daraus hervor.

Das ist eine wundervolle Art, es zu beschreiben, Mooji, solch schöne Worte!

Niemand ist imstande, es allein durch Worte zu vermitteln. Ich glaube, nicht einmal der Buddha mit seiner reinen Sprache konnte das tun. Weder Papaji, noch Sri Ramana Maharshi haben das getan. Ich glaube nicht, dass es irgendjemandem in der Geschichte der Menschheit gelungen ist, das zu tun, ganz gleich, wie inspiriert sie auch gewesen sein mögen. Ihre Präsenz jedoch, mit der Quelle eins geworden ... der einzigen Wahrheit ...

<Lang anhaltende Stille ... Mooji hat Tränen in den Augen>

... strahlte hell mit dem Licht und dem Frieden dieses reinen Gewahrsein-Selbst. Das ist unbestreitbar.

Es fehlt mir an spirituellem Training. Das ist vielleicht der Grund dafür, dass ich es ein wenig schwierig finde, wirklich zu begreifen, was ich gehört habe, obwohl ich es liebe, dir beim Sprechen zuzuhören

Alles, was erforderlich ist, besitzt du schon im Überfluss. Sei dir dessen ganz sicher. Manchmal kommen Menschen, die kein Englisch sprechen, zum Satsang, trotzdem wird etwas in ihrem tiefsten Inneren angesprochen, und ihr Verstand sinkt mühelos in die stille Erkenntnis des Ursprungs. Satsang ist jenseits von Sprache und Intellekt. Sogar Tiere sind gekommen. Tatsächlich ist Satsang nicht nur für Menschen. Satsang ist für alle Wesen. Das Wort „Satsang" bedeutet „Zusammensein in Wahrheit." Alle Wesen, die mit dem Verlangen gesegnet sind, einfach nur zu sein, reagieren auf die Wahrheit. Das Leben ist fortwährender Satsang.

Ich habe lange Zeit Selbst-Erforschung betrieben, fühle aber nicht, dass ich irgendeinen echten oder nachhaltigen Erfolg erreicht hätte.

Lass' dich auf ein kleines Experiment mit mir ein. Rühre keinerlei Gedanken von Fortschritt, Zukunft, Selbstbeurteilung usw. an und erwarte überhaupt nichts von dem, was jetzt gerade vor sich geht. Okay? Bemühe dich einfach in diesem Augenblick nicht. Eile nicht. Verstehst du mein Anliegen?

<*Der Fragende nickt zustimmend.*>

Was bleibt dann noch?

Leere und Frieden.

Welche Anstrengung hast du unternommen?

Keine Anstrengung. Ich bin deinem Rat gefolgt, mich nicht mit meinem üblichen Kram zu befassen.

Unterdrückst du hier gerade etwas?

Nein, mein Verstand ist so klar wie Raum.

Das ist deine Buddha-Natur, dein reiner und natürlicher Zustand, bewerte ihn jedoch nicht und bezeichne ihn auch nicht als eine Erfahrung.

Ich möchte so bleiben.

Das ist ein ganz natürlicher Wunsch, aber sage mir, wer möchte so bleiben? Wer sagt das? Finde das jetzt heraus.

Mein Verstand.

Weise diesen Gedanken sofort zurück. Der Verstand möchte das für sich beanspruchen. Er möchte an dem Geschehen teilhaben. Was ist das Geschehen?

Es gibt kein Geschehen. <Lacht> Es „ist" einfach. Da ist niemand mehr, der als irgendetwas übrigbleibt. Danke, Mooji.

Sehr gerne geschehen.

Es ist wichtiger
zu wissen, wer du bist,
als zu wissen,
wer Gott ist.
Denn
du kannst Gott nicht kennen,
bevor du nicht
dein eigenes SELBST kennst.
Wenn du jedoch Gott suchst,
fängst du
eigenartigerweise an,
dein eigenes SELBST
zu entdecken,
da dein wahres SELBST
nicht von Gott getrennt ist.
Letztendlich verschmelzen
der Sucher
und das Gesuchte.

Fülle deinen Geist nicht mit Anweisungen

Lege deine Hand auf dein Herz und sage von dort etwas.

Ich fühle ein starkes Bedürfnis, mich hinzugeben. Ich stelle fest, dass mir meine Wünsche nach vergänglichen Vergnügungen und Sicherheit mir nicht dienen. Ich glaube, ich bin an einem Krisenpunkt angelangt. Ich nehme etwas in dir wahr, was ein großes Vertrauen in mir wach ruft, aber ich spüre, dass ich noch einen weiten Weg vor mir habe.

Wie viele Meilen, Meter oder Kilometer musst du noch reisen? Du sitzt jetzt hier ... wo solltest du hingehen, um mehr hier zu sein, als du es jetzt schon bist? Gib diese Art von Gedanken und Absichten auf. Sieh, ob du dabei irgendetwas von echtem Wert verlierst.

Ich habe so viel Zeit meines Lebens auf dem spirituellen Weg verbracht und versucht, irgendwo anzukommen, irgendetwas zu finden!

Das ist dein Glück im Unglück. Es ermöglichte dir, unermüdlich nach der Wahrheit zu suchen. Es hat dich hierher gebracht. Anfänglich lässt sich dieses Umherstreifen „auf dem Weg" nicht vermeiden. Gott allein weiß darum. Durch Vertrauen und Glaube werden sich dir immer tiefere Erkenntnisse enthüllen. Sie werden Freude bringen, und Freude ist dem Sein natürlicherweise bekannt!

Es gibt keinen Unterschied zwischen der Freude an geschlechtlicher Vereinigung, der Freude eines Politikers, der die örtliche Wahl gewonnen hat, oder der Freude, die bei der Meditation entsteht.

Die Freude aber, die aus dem Erkennen des Selbst entsteht, ist unpersönlich, frisch, mit nichts verknüpft und zeitlos.

Wenn dieses Erkennen auf Grund wirklichen Verstehens geschehen ist, gibt es ein wunderbares Loslassen; es bleibt keine geistige Starre zurück. Alles wird als das Spiel des Bewusstseins oder Gottes Traum gesehen, gelebt und erfahren.

Ich habe doch noch eine Frage. Wie passiert dieses Erkennen? Wie geht dieser Perspektivenwechsel vonstatten?

Fülle deinen Geist nicht mit Anweisungen. Sie ersticken deine Spontaneität! Du hast in deinem Leben Anweisung über Anweisung angehäuft, eine nach der anderen. Konntest du irgendeine ausführen?

Also was soll ich tun? Ich glaube alles, was du heute gesagt hast. Ich habe vollkommenes Vertrauen in deine Worte, weiß aber nicht, was ich jetzt tun soll.

Was musst du tun? Was kannst du tun? Bleibe ruhig und tauche nach innen, in die Richtung, die ich dir zeige, nämlich zu diesem namenlosen Kern. Glaube ist gut, Vertrauen ist besser; aber direkte Erkenntnis und Erfahrung sind das Höchste.

Wenn du das Glück hast, einem Meister zu begegnen, zu dem du dich spontan hingezogen fühlst und für den du einen tiefen Respekt empfindest, dann lege dort deinen Stolz ab und überlasse dich mit Vertrauen, Mut und Entschlossenheit seiner Führung.

Was als Resultat dieses Erkennens übrigbleibt, ist die ununterbrochene Erfahrung, die Realität genannt wird.

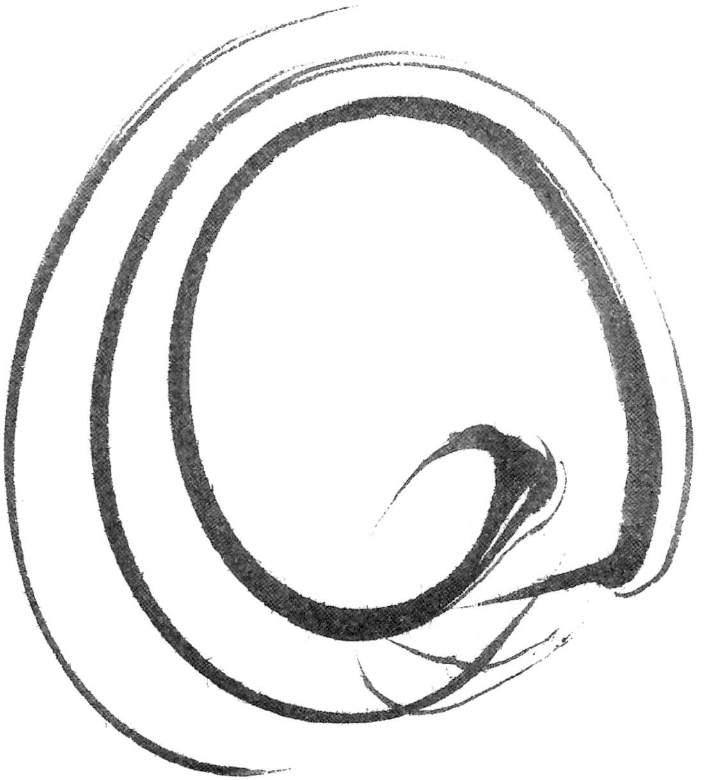

Der wahre Lehrer ist niemals
getrennt von dir.
Er kann es niemals sein.
Er ist der innere Satguru –
das Herz aller Wesen.
Wenn du nach innen schaust,
dann wird das, was du dort findest,
dasselbe sein, was Ich Bin.
Der erscheinende äußere Guru
weist dich lediglich auf den inneren Guru hin,
der sich nicht von deinem
wahren Selbst unterscheidet.
Der Verstand braucht diese Führung,
solange er in die Welt verstrickt ist,
weil er leicht seine Quelle vergisst.
Die Gegenwart und die Gnade
des Guru erinnern dich
an deine dir innewohnende Harmonie
und helfen dir, dich wieder
in der Ganzheit zu etablieren.
Sogar nachdem das Selbst realisiert wurde,
wirst du niemals von der Liebe
oder deinem eigenen Guru getrennt sein.
Dein Selbst und der Satguru sind Eins.

Freiheit davon, jemand zu sein

Ich habe 35 Jahre in einer Schule für Advaita-Yoga verbracht, und nach all diesen Jahren habe ich sie eines Tages einfach verlassen. Ich habe erkannt, dass alles, was ich gelernt hatte, auf den Verstand gerichtet war. Aber das Wahre ist so präsent, dass es im Verstand nicht gefunden werden kann. Dennoch ist da immer noch eine Idee, dass ich mich als „Überall-Sein" erfahren sollte, um frei zu sein. Und jetzt ist der springende Punkt, dass Erfahrung an den Verstand und Körper gebunden bleibt.

Du solltest den Versuch vergessen, dich als „Überall-Sein" zu erfahren. Jedes Ansinnen, dir ein Ziel zu setzen, ist irreführend. Wenn so eine Erfahrung kommt – schön! Jedoch wird sie vorübergehend sein. Solch ein Phänomen kann spontan als ein Aufblitzen oder als ein Funke der Gnade auftauchen, oder kann auf Grund deiner Praktiken, von Yoga, von Mantren oder Gebeten geschehen.

Alles wird im, durch und als Bewusstsein erfahren. Es ist die alles ermöglichende, unbegrenzte Gnade. Solange der Körper und die Lebenskraft vorhanden sind, wird das Gefühl von „Ich bin" zusammen mit anderen Gedankenaktivitäten und Phänomenen auch da sein.

Die Dualität hält mich gefangen. Ich verliere meinen Fokus und ende in einem Wald von Konflikten und Verwirrung.

Es muss nicht so sein. Kannst du irgendetwas erfahren, wenn es das Konzept von Trennung oder Teilung nicht gibt? Könntest du etwa die Kenntnis von dir selbst „kosten", wenn es keine Dualität gäbe? Es ist nicht nötig, vor der Dualität wegzulaufen oder sie gar auszulöschen; denn ohne Dualität kann es keine Erfahrung geben.

Dualität ist kein Fehler, sondern ein lebenswichtiges Werkzeug der Schöpfung.

Erfreue dich an diesem allumfassenden Film, der Leben genannt wird, mit all seinen Tränen und seinem Lachen, seinen Träumen, Wünschen und seiner Abscheu, all seiner Hingabe, seinen Streichen, seinen Gebeten. Das ganze Spektrum der Ausdrucksformen des Bewusstseins steht zur Verfügung und ist wunderschön, wenn es mit Augen gesehen wird, die durch Verständnis und Gnade leer geworden sind.

Es gibt keine besondere Art zu sein. Entspanne dich, sei du selbst und bleibe offen und ruhig, so gut es geht, in allen Manifestationen des Lebens. Erinnere dich einfach nur daran: du bist das Sehen, der Seher und jenseits von beidem, als das ungeborene Gewahrsein.

Man kann es auch so sagen: du bist die Person und derjenige, der um die Person weiß, und der Raum, in dem beide erscheinen.

Was für eine Arbeit gibt es dann zu tun? Einfach in der Leere bleiben?

Ja, was denn sonst noch? Oder noch besser: bleibe in der Leere als die Leere selbst. So wie die Freude wächst, nimmt die Arbeit ab. Diese sogenannte „Arbeit" oder „Praxis", wird zunehmend spontaner werden, ohne jegliches Gefühl, dass jemand da ist, der sie ausführt. Sie wird von alleine geschehen und sich um alle deine Angelegenheiten kümmern.

Der Eindruck, eine Person zu sein, eine besondere Persönlichkeit und Vorlieben zu haben, muss keineswegs als schädlich angesehen werden, wenn Verständnis da ist. Es ist einfach nur der Ablauf der Manifestation in der Rolle einer Person. Dieses Spiel entfaltet sich im Bewusstsein und es wird von nirgendwo beobachtet oder, wenn dir das lieber ist, von überall – das ist dasselbe. Benenne es in keiner Weise.

Ich kann jetzt sehen, was mein Fehler war. Irgendwie wollte ich mich selbst als „Das" erfahren, das ist aber nicht möglich!

Genau! „Das" ist so eins mit sich selbst, dass es sich selbst nicht sehen kann.

Nimm das Beispiel eines Messers, das so viele Dinge durchschneiden kann, aber als untrennbare Einheit nicht sich selbst schneiden kann. Oder nimm vergleichbar eine Waage, die viele Gegenstände wiegen kann, aber nicht sich selbst. Was „Ist", kann sich nicht selbst wahrnehmen, da es schon eins mit sich selbst ist.

Folglich ist die Freiheit, von der du gesprochen hast, die Freiheit davon, jemand zu sein?

Ja. Letztlich ist es sogar die Freiheit vom Konzept der Freiheit. Es ist das Ende aller Bestrebungen.

Wir lenken unsere ganze Aufmerksamkeit, unsere Anstrengungen und unsere Energie darauf, der bestmögliche „Jemand" zu sein. Das ist ganz natürlich, das ist die ganze Geschichte der Menschheit. Es ist aber nicht Freiheit.

Lebe auf jeden Fall die höchste Ausdrucksform, die dir möglich ist. Ändere das, von dem du den Eindruck hast, es dient nicht der Wahrheit. Folge den Eingebungen deines Herzens, halte deren Ausdruck aber weder für ein Maß noch eine Definition des Selbst. Erfreue dich mit Dankbarkeit an deinem Leben – als einem Geschenk des Lebens, als einem Ausdruck Gottes, als dem Tanz des Kosmos – während du die ganze Zeit hindurch der formlose Seher bleibst.

Der Weise sieht sich in einem Spiegel das Bild an, das er selbst zu sein scheint, aber lässt sich dadurch nicht beirren. Er bleibt das unwandelbare Sein im Schrein der Leere.

Die Ego-Identität fürchtet sich davor,
in die Nähe ihres Herrn zu kommen,
weil sie Angst hat, gebissen zu werden.
Und wenn du schließlich
im Mund Gottes landest,
bist du erledigt.

Das Bewusstsein spielt alle Rollen

Da scheint die Idee zu sein, dass etwas fehlt.

Das Bewusstsein in seiner menschlichen Form begehrt immer etwas. Sobald es mit dem Gefühl von Autonomie in Berührung kommt, entsteht meist spontan der Eindruck, dass etwas fehlt, ein Gefühl von Vollständigkeit, ein Gefühl von Stabilität, von Heimkehr.

Das kann auf unterschiedliche Weise gefühlt werden – wie ein Bedürfnis nach Heilung, nach Wiederherstellung, nach Fortschritt, oder nach allen diesen Dingen. Diese Neigung scheint tief in der menschlichen Seele verwurzelt zu sein. „Etwas fehlt" ist ein Gedanke. „Wenn es nicht so wäre, würde ich mich nicht so fühlen. Sicher hat Jesus sich nicht so gefühlt. Ich fühle mich so miserabel; offensichtlich kann ich deshalb nicht so sein wie er, weil er rein ist." Das sind alles Vermutungen.

Wer sagt denn, dass Jesus morgens nicht ein wenig mürrisch aufgewacht ist?

<Lachen>

Wer sagt denn, dass Jesus sich nicht, wenn er mit seinen Jüngern wanderte, über ihre belanglosen Zänkereien ärgerte? Wer kann das sagen? Als er damals beobachtete, wie die Menschen im Tempel Glücksspiele betrieben, fuhr er sie an: „Das ist kein Platz für Glücksspiele, verschwindet!" Ich bin sicher, er hat nicht gesagt: „Bitte, bitte . . . seid nicht gekränkt, aber . . ."

<Gelächter>

Wer sagt, dass er solche Gefühle nicht hatte? Wer sagt, dass er so anders war als du? Jesus war Gott und Mensch. Weißt du, was das bedeutet? Es bedeutet, dass er sich seiner selbst als egoloses SEIN bewusst war, gelenkt durch Gottes Kraft, Präsenz und Gnade. Das bist auch du.

Warum zappelt dein Verstand immer herum, um dem Offensichtlichen zu entkommen? Warum machst du Ausflüchte, wenn du auf diese klare Wahrheit hingewiesen wirst? Wenn der Verstand sich durch tieferes Hinsehen herausgefordert fühlt, schaltet er auf „Vermeidungs-Modus“ um: „Besser, wir üben noch ein wenig mehr! Lass uns Schritt für Schritt vorgehen, immer schön langsam und vorsichtig ...“

<Gelächter>

Etwas scheint vermeiden zu wollen, enthüllt zu werden. Was ist es? Schau es dir an. Wenn du deinem Verstand folgst, wird er immer das Sehen vermeiden, das dein Herz befreit. Verstehe jetzt, dass diese Art von Vermeidung auch ein Spiel des Bewusstseins ist. Das Bewusstsein spielt den Weisen, den Sucher und den Dummkopf. Was könnte es anderes sein? Der Verstand ist ein Ausdruck des Bewusstseins. Manchmal manifestiert sich das Bewusstsein als gewaltige Dummheit. Wer sonst könnte das tun? Wenn du das erkennst, wirst du mit allen Dingen gelassen sein.

Ich habe im Fernsehen einen Dokumentarfilm über einen Mann gesehen, der sagte, er habe sich in eine Kuh verliebt. Er sagte das vor der ganzen Nation.

<Gelächter>

„Ich liebe sie sehr. Und sie liebt mich! Schaut nur in ihre Augen!“ sagte er, indem er auf die Kuh zeigte, die, das muss einfach gesagt sein, einen total gelangweilten Ausdruck auf ihrem Gesicht hatte!

<Gelächter>

Und er konnte nicht verstehen, warum die Menschen ihre Beziehung nicht segneten *<mehr Gelächter>* oder warum sie seinen Wunsch, die Kuh zu heiraten, missbilligten!

<*Gelächter*>

Es war ihm total ernst. Er hatte auch Kinder, die zur Schule gingen, wo sie von allen gehänselt wurden, durch Bemerkungen wie: „Dein Vater liebt eine Kuh! Deine Mutter ist eine Kuh!"

<*Gelächter*>

Er sagte, die Menschen verstünden ihn einfach nicht, aber in seinem Kopf war er völlig klar hinsichtlich dieser Angelegenheit. Er war total im Reinen mit sich selbst. Was sonst als das Bewusstsein inszeniert dieses Spiel? Das Bewusstsein spielt alles, jede Rolle im gesamten Spiel der Schöpfung. Es gibt einige Menschen, die bereits nach kurzer Zeit zu dieser tiefen Erkenntnis gelangen. Im Laufe einer einzigen Begegnung mit der Wahrheit löst sich ihr Verstand in völliger Stille auf.

Ich erlebte eine solche Realisation vor ein paar Tagen, Mooji, der Verstand kam aber zurück und mit größerer Wucht als vorher! Warum war das so?

Nimm dieses Beispiel: Wenn du auf einen Hasen mit einem Betäubungsgewehr schießt, sinkt er einfach zu Boden. Manchen Leuten geht es genauso. Sie hören von der Wahrheit, ihr Herz öffnet sich, ihr Verstand fällt unwiderruflich in die Stille – keine weiteren Worte mehr.

Bei anderen ist es eher so, als würdest du auf ein Nashorn schießen – es läuft weg! Buggudup, buggudup, buggudup!

<*Lachen*>

Du musst es aber nicht jagen. Du kannst einfach weiter in seine Richtung gehen.

Obwohl es vielleicht noch ein wenig weiter rennt, wird es allmählich auf Grund der Wirkung des Betäubungsmittels langsamer werden. Schließlich fällt es um. Irgendwo wirst du es auf dem Boden liegend, schwer wie ein Baum und glücklich schnarchend finden.

<*Lachen*>

Erst jetzt kannst du es berühren – „Nashorn, wie geht es dir? Warum rennst du so?“ Manche Egos sind genauso. Beim ersten Knall und beim ersten Treffer durch die Wahrheit rebelliert der Verstand sofort – buggudupp, buggudupp, buggudupp! Und weg ist es!

<*Lachen*>

Daran ist nichts falsch. Das ist ebenso Ausdruck und Spiel des Bewusstseins. Was kann man da machen?

Bewusstsein durchdringt alles, was sich manifestiert. Sogar die Elemente sind Bewusstsein. Sie wahrzunehmen ist Bewusstsein. Die Wahrnehmung des Wahrnehmens geschieht im Unaussprechlichen, im Unbenennbaren. Und du bist DAS.

Bewusstsein manifestiert sich als Vielfalt und als das Wahrnehmen dieser Vielfalt. Diese Wechselhaftigkeit, dieses Gesegnet-Sein, dieses Verflucht-Sein, diese Heilung, dieses Leid und diese Freude, dieses Gebundensein und diese Freiheit – all das geschieht innerhalb des Bewusstseins, während in ihm selbst keine Veränderung vorgeht.

Es ist so, wie wenn man träumt. In unseren Träumen sehen wir eine Welt voller Vielfalt, genauso geformt wie diese Welt. Emotionen, Gedanken, Kreativität – alles existiert auch im Traumzustand. Im Traum kann man Menschen begegnen, die Sprachen sprechen, die einem unverständlich sind. Man müsste Sprachkurse machen, um mit anderen Menschen innerhalb des eigenen Traums kommunizieren zu können.

Wenn man erwacht, stellt man fest, dass sich alles nur im Traum abgespielt hat. Das gilt genauso für den Wachzustand. Wie kann es sein, dass sich das ewig Unwandelbare als das Wechselhafte manifestiert? Und es scheint irgendwie unter Hypnose zu stehen, denn es glaubt, das zu sein, was es in Wahrheit nicht ist? Und dann bemüht es sich darum, sich selbst durch den Verstand wiederzuerkennen?

Wie kann es sein, dass es all dieses Träumen kreiert, und dann auch die Fähigkeit erschafft, sich selbst aus dem selbst herbeigeführten Schlummer aufzuwecken, nur um schließlich zu erkennen, dass es niemals geschlafen hat? Was für eine verrückte Angelegenheit!

<Lachen>

Was für Paradoxa! Alles explodiert in Paradoxa! Und doch ist das, was diese wahrnimmt, jenseits der Paradoxa.

Überlasse das alles sich selbst. Du bist DAS, innerhalb dessen sogar der Rat „überlasse das sich selbst" nur als ein sanftes, kurzlebiges Flüstern innerhalb seiner selbst gehört wird. Wer ist da noch, um irgendeinen Rat auszuführen?

Jedermann hier wurde in seinem eigenen einzigartigen Fluss zu diesem Moment, zu diesem Punkt des Erkennens hingeführt. Wieweit willst du noch gehen? Wohin? Zu welchem Zweck? „Vom Affenverstand zum Mönchsverstand zum ausgelöschten Verstand"* – und doch keine Veränderung in „Dir". Keine Veränderung. Irgendetwas weiß das intuitiv. Du bleibst unberührt.

<Stille>

Lasse deinen Verstand im Herzen ruhen.

Kann man das nicht auch eine Übung nennen?

Wenn du es eine Übung nennen willst, in Ordnung. Warum nicht? Es gibt überhaupt nichts an diesem Wort oder an der Ausführung einer Übung auszusetzen.

Sri Nisargadatta Maharaj war ein perfekter Jnani, und dennoch sang er mit großem Elan drei oder vier Mal am Tag Bhajans. Hatte er das Gefühl, „Oh nein, ich sollte das nicht länger tun. Ich bin jetzt ein Weiser. Was sollen die Leute denken?!"

* Im Englischen: „From monkey mind to monk's mind to no mind" – Wortspiel mit dem ähnlichen Klang der Begriffe.

Nein, sein Wesen war allem vollkommen zugehörig, eins mit dem Fluss des Lebens. Deshalb waren seine Handlungen spontan, ungehemmt. Unterdrücke deinen Tanz nicht, um irgendeine Rolle zu spielen. Sei du selbst.

Man sagt, wer Gott sucht, findet sich selbst. Und wer sich selbst sucht, findet Gott. Ob du den Weg der Verehrung, der Hingabe oder den der Erkenntnis gehst, das Ergebnis ist ein und dasselbe.
Das ist es!

Deine Worte haben eine Endgültigkeit. Ich denke, ich warte einfach auf den letzten Hieb.

Wer wird diesen Hieb bemerken? Wer wird wissen: „Ich habe den letzten Hieb bekommen"? Lass den Gedanken von einem endgültigen Hieb fallen, und auch das Warten darauf, dass irgendetwas passiert.

Das Beil fällt, aber der Kopf redet immer noch! Jetzt ist das Beil gefallen, und immer noch redet der Kopf!

<Stille>

Du bist das unaussprechliche Eɪɴᴇ.

Danke!

Unsere kultivierte Intelligenz glaubt,
wir müssten die Dinge
erst verstehen, bevor wir entspannen
und sie akzeptieren können.
Aber hier entspannst du dich,
weil du weißt,
dass das Verstehen,
das mit dem Ego-Verstand erlangt wurde,
nicht rein ist.
Das Selbst ist das Licht,
das als Weisheit leuchtet.
Wende dein Angesicht
dieser makellosen Quelle zu.

Trage nichts mit dir herum

Lass' für einen Augenblick alles links liegen, was du beschreiben kannst, alle deine Ideen. Lass' alles links liegen, was du erwarten, erinnern oder dir vorstellen kannst. Verweile als das, was übrig bleibt.

Der „Ich"-Gedanke erzeugt und unterstützt alle anderen Gedanken. Der Magnetismus einiger Gedanken erscheint stärker als der anderer. Diese Gedanken werden das „Ich" als Person sehr verstärken. Tatsächlich entstehen sie gemeinsam, sehr kraftvoll. Die Klarheit des ursprünglichen Selbst scheint in diesem Moment durch die Intensität der Identifikation mit dem „Ich" und durch andere Gefühle, an denen es sich festhält, verschleiert zu sein.

Siehe selbst: Versuche in diesem Augenblick, dieses „Ich" ausfindig zu machen, indem du seiner gegenwärtigen Faszination wie einem Geruch folgst. Spüre das „Ich" auf. Schau, ob es erhascht werden kann, und wenn ja, schau es dir innen genau an und sieh', aus was es besteht.

<*Stille*>

Wahrlich, was du suchst, ist das, was sucht.

Greife die Idee nicht auf, dass irgendetwas oder irgendeine Handlung, dich daran hindern könnte zu sein, was du bist. Wenn sie überprüft wird, stellt sie sich als unwahr heraus.

Nichts hindert dich außer der Idee, dass dich etwas hindert. Hältst du an dieser Idee fest, wird sie dir deine Kraft entziehen.

Man muss das wirklich wollen...

Ich kann dir drei Möglichkeiten anbieten: Erstens, gib die Idee von einem, der etwas will, auf. Zweitens, ignoriere alle Versuche oder Einladungen, irgendwohin zu gelangen oder irgendetwas Neues zu erreichen. Drittens, wenn der Wunsch in dir entsteht, dich selbst zu kennen, nimm diesen bereits als Akt der Gnade an.

Es ist auch eine Art selbstmörderischer Wunsch.

Dieser Selbstmord ist okay. Das Ego, das Selbstmord begeht, wird das SELBST. Dieser Selbstmord ist nicht schlimm. Er ist ein guter Selbstmord.

<*Lachen*>

Es gibt nicht mehr viel, an das man sich halten kann! Alle Ideen, von denen ich annahm, dass sie mein Fundament waren, bestehen nicht mehr länger.

Ja, zum Glück! Der Verstand arbeitet perfekt, wenn er sich nicht an eine Identität klammert. Das ist der reine Verstand.

Das fühlt sich ganz nach einer Herausforderung an ...

Für wen? Finde denjenigen, der die Herausforderung fühlt und sich vor ihr fürchtet.

Da sind eine Menge Ideen über Anhaftungen ...

„Anhaftungen" sind auch eine Idee. Ich habe keine Lehre anzubieten. Satsang ist kein Ort, um bloß zu lernen. Um zu entdecken, ja. Um alle mentalen und psychologischen Strategien abzubauen, ja. Um Geister auszutreiben, ja. Es ist ein Ort, an dem man der Unwahrheit gegenüber sterben kann.

Und natürlich für Ego-Selbstmord-Gedanken ...

<*Lachen*>

Das fühlt sich wirklich zum Fürchten an, Mooji ...

Sei mutig! Bei der verheißungsvollsten Gelegenheit, wenn die Möglichkeit am größten ist, vollkommene Kenntnis und Klarheit zu gewinnen, entsteht oft Widerstand und nimmt einen zentralen Platz ein.

Was ist es, das zu entkommen versucht? Sei dir an diesem entscheidenden Punkt aller möglichen Arten von Entschuldigungen, von fantastischen Projektionen und Vermeidungsstrategien bewusst.

Ein Mann kam einmal zu mir nach Hause, und je tiefer ihn seine Selbst-Erforschung brachte, umso mehr versuchte er abzulenken. „Könnte ich das Badezimmer benutzen?", fragte er. „Könnte ich ein Glas Wasser bekommen? Es ist ein wenig heiß hier drin, könnten wir die Tür öffnen?" Es war mitten im Winter.

<*Lachen*>

Schließlich forderte ich seine Ausweichmanöver heraus. „Kannst du sehen, was hier passiert? Du bist hier nicht im Gefängnis, du kannst jederzeit gehen, wenn du willst. Geh jetzt, wenn du nicht hier sein willst!" Erst nachdem er damit konfrontiert war, schaffte er es, der Selbst-Erforschung unbeirrt zu folgen und seinen Verstand im Frieden aufzulösen.

Also, es gibt nichts zu tun?

Erlaube dir selbst, aufgelöst zu werden! Lass die Gnade dich entkleiden.

Alles, was du bislang getan hast, alle Praktiken, die du ausgeübt hast, haben dich gerade jetzt zu diesem Punkt gebracht. Es gibt nichts zu bereuen. Sei jetzt einfach ruhig. Komme hier und jetzt im wahren Ursprung deines Gewahrseins zur Ruhe – in seiner Stille, in seiner Fülle, in seiner Leere.

In der Abwesenheit dieser Person, für die du dich selbst gehalten hast, erstrahlt jetzt reine Präsenz. Und die Präsenz durchdringt alles. Wenn die letzte Erkenntnis da ist, entlädt sich reine Energie, die alle anderen Aspekte deines Daseins segnet und ihnen neue Energie verleiht.

Nichts bleibt mehr, das verstanden werden muss. Projektionen, Meinungen, Interpretationen und Ideen fallen weg und alles, was ist, tanzt seinen Tanz in völliger Freiheit und Freude.

Mein Meister pflegte zu sagen: „Das Selbst offenbart sich in einem reinen Geist."

Lege alle deine Absichten beiseite. Trete hier völlig nackt ein.

Während du dich
im Feuer der Wahrheit befindest,
beobachte, was brennt.

Wenn du es bist,
dann begegne Gott
als heilige Asche.

Öffne den Fallschirm nicht zu früh!

Es gibt einige Emotionen, bei denen genügend Raum vorhanden ist, sie zu beobachten, und ich werde nicht hineingesogen. Aber dann gibt es andere wie Wut, zu denen es keinen Abstand zu geben scheint, und ich sogar im Zentrum der Wut bin.

Das ist ebenfalls nur eine Erscheinung. Lasse es geschehen! Vielleicht besteht da ein Gefühl, „Ich will keine Wut spüren“, aber du musst der Wut auch Raum lassen sich auszudrücken. Wenn du nur der Zeuge von ihr bleibst, wird sie nicht so schrecklich sein. Wenn Wut entsteht und du hast das Gefühl, ihr Ausdruck verleihen zu müssen, dann schrei’ in ein Kissen, solltest du mitten in der Stadt wohnen. Wut ist einfach etwas, das aus dem Sein herausgeworfen wird, es besteht kein Bedarf, irgendetwas damit anzufangen. Ich glaube nicht, dass du rausgehen und jemanden umbringen wirst.

Nein, aber es ist wichtig für mich es zu verstehen, weil du sagst, es ist möglich, in Wut zu geraten und gleichzeitig …

Du – das Selbst – bist nicht in der Wut, die Wut ist in dir. Im Raum deines unendlichen Seins gibt es genügend Platz für jeden Ausdruck, aufgedeckt oder ausgedrückt zu werden, da zu sein und sich schließlich im Ausdruck zu erschöpfen. Dann wird er wieder in die Stille zurückkehren.

Behindere einen Ausdruck nicht, begrüße ihn. Am Anfang fragen sich einige Leute, „Was passiert da? Meine Welt bricht zusammen. Ich werde verrückt!“ Das sind Reaktionen, die auch vom Verstand und der Persönlichkeit herrühren, verstehst du? Das ist noch nicht dein wahres Sein, du bist vor diesem.

Sehr oft agieren wir von einem reaktiven Bewusstsein aus, aber diese Reaktionen, Aktionen und Interaktionen finden spontan in einem Gewahrsein statt, das selbst nicht teilnimmt. Das Gewahrsein ist nicht in der Seifenblase von Reaktionen verfangen, jedoch muss Bewusstsein von diesem Gewahrsein vorhanden sein.

Du musst diesen tieferen Raum des Selbst entdecken und da bleiben, weil manchmal Angst und Panik auftauchen, wenn diese Effekte anfangen aufzutreten. Ich sage, bewerte sie nicht, lass' dich nicht darauf ein, schau nur. Öffne den Fallschirm nicht zu früh!

<*Mooji lacht*>

Manche Leute halten nach Rettung Ausschau, sobald etwas auftaucht. Öffne den Fallschirm jedoch nicht. Manche Leute öffnen den Fallschirm sogar schon im Flugzeug!

<*Gelächter*>

Irgendetwas fühlt, „Aber ich werde abstürzen, es läuft schief." Aber alles das sind Gedanken! Der egoistische Verstand neigt dazu zu denken, dass etwas Schreckliches passieren wird. Was wird dir denn passieren? Nichts. Wenn du dich voreilig mit diesen Gedanken identifizierst, dann verpasst du die Gelegenheit, in die Tiefe des Seins zu gelangen. Hier befindet sich reines Glück. Wenn du dich verloren fühlst und in diesem inneren Feuer verbrennst, ist es Gnade! Ertrage es. Es ist nicht schrecklich, wenn du den Interpretationen des Verstandes keinen Glauben schenkst. Stattdessen besteht aber die Möglichkeit, das Selbst zu entdecken. Hinter den Feuern der Gnade befinden sich das Licht und die Freude des reinen Selbst. All diese Dinge, diese schlummernden Neigungen, müssen herausgerülpst werden.

Eine Dame erzählte mir einmal, „Mooji, irgendetwas kommt hoch, und ich habe den Eindruck, ein Wal ist in mir! Wie kann ich einen Wal herauswürgen? Wenn ich „ja" dazu sage und es zulasse, dann kommt es mir so vor, als ob sich etwas in mir viel zu groß anfühlt und als ob ich platze!"

So sagte ich, „Ich möchte sehen, wie jemand platzt".

<Gelächter>

Wende dich nicht ab! Begrüße diese Bewegung einfach und vertraue der Gnade. Dann wirst du aufstoßen – und „Plop!" – eine Kaulquappe! Kein Wal!

<das Gelächter setzt sich fort>

Es ist nicht wirklich ein Wal in dir, der Verstand erzählt dir aber, dass du damit nicht umgehen kannst, und diese Stimme ist eine hinterlistige und boshafte Stimme! Rechne mit dieser Stimme. Sie wird kommen, so wie sie zu allen befreiten Menschen gekommen ist, zu jedem Buddha, jedem Christus, jedem Krishna. Etwas ist aufgewühlt, etwas anderes auch wieder nicht. Das SELBST ist in völliger Ruhe da, so wie es immer war – unberührt.

Die Tatsache, dass du existierst, ist der Beweis dafür, dass dieses EINE ist.

<Stille>

Die Zeit vergeht im Angesicht der Zeitlosigkeit. Du bist das Unsichtbare im Sichtbaren. Das Sichtbare ist dein vorübergehender Aspekt.

Diese Dinge werden kommen, aber ebenso wieder gehen. Beobachte und bestätige dies.

Erkenne das, was weder kommt noch geht. Es kann nicht gehen, weil es nie gekommen ist, es kann nur offenbart werden. Alles, was du in deiner Meditation wahrnimmst, kannst du nicht sein.

Es sind alles Ausstrahlungen oder Aspekte des Bewusstseins, aber sie sind definitiv nicht „du".

Erkenne, sie sind alle Ausdrucksformen, die von der empfindsamen Quelle ausgehen, aber nicht beständig sind. Bewerte sie nicht, identifiziere dich nicht mit ihnen, identifiziere dich mit überhaupt nichts. Bleibe ohne ein Selbst-Bild.

Nicht einmal mit Freude?

Identifiziere dich nicht einmal mit Freude. Versuche nicht, sie loszuwerden, aber identifiziere dich nicht mit ihr. Sie wird immer noch da sein, so wunderbar wie immer. Wenn du dich mit nichts identifizierst, bist du auch nichts – kein Objekt. Und wenn du kein Objekt bist, dann gibt es da eine Freude, die niemandem gehört.
Diese Freude ist synonym mit dem reinem SELBST.

<*Mooji lacht*>

Die Freude, die jemandem gehört, muss gehen, da sogar die Person nicht bestehen bleiben kann.

<*Stille*>

Die Freude, welche die Freude des SEINS ist, kann nicht vergehen, weil das, was formlos ist, nicht kommen und gehen kann. Diese Freude und dieser Frieden sind Synonyme.

<*Stille*>

Eine gewaltige Kraft
erwacht in dir,
wenn du erkennst,
dass dich nichts
von der Wahrheit
abbringen kann.

Das Feuer der Selbst-Entdeckung

Wenn du im Satsang bist, kommt häufig alles, was verborgen war und sich hinter dunklen Plätzen versteckt hielt, auf Grund der enthüllenden Kraft der Wahrheit an die Oberfläche. Wenn die schlummernden Neigungen entlarvt werden, ist das so, als wenn du genau in deinen Solarplexus gestochen und durchbohrt worden wärest, und ein großer Tsunami von Gefühlen entsteht.

Wenn das Licht der Wahrheit alle diese falschen Vorstellungen entlarvt, kommt alles an die Oberfläche. Das Sein erbricht das Unwahre, rülpst all diesen Schmutz heraus. Und es ist kein schönes Gefühl! Es ist nicht wunderbar oder süß. Es fühlt sich so an, als sei dein ganzes Wesen im Feuer und als würdest du von innen aufgerissen. Ich sage, lass dich freiwillig aufreißen!

Gib dich diesem inneren Brennen hin. Sei bereit, in das Feuer der wahren Selbst-Erkenntnis zu treten. Dieses Feuer wird nicht dich verbrennen. Es wird nur das verbrennen, was du nicht bist.

Es fühlt sich so an, als würde ich alles verlieren . . .

Viele Menschen versuchen, die auf das Ich bezogene Identität zu retten. Der Verstand versucht zu verstehen, zu analysieren, was falsch gelaufen ist, indem er sich fragt: „Was geschieht mit mir, was kann ich jetzt tun? Ich falle auseinander!"

Jeder möchte seine Haut retten, an irgendetwas festhalten, weil die Vorstellung besteht, dass du, wenn du so komplett verbrannt wirst, zu nichts mehr zu gebrauchen bist. Ja, du als Ego bist völlig nutzlos, aber du als Selbst bist vollkommen zufrieden und frei. Das ist der Unterschied.

Bleibe einfach ruhig und gib dich dem Sturm des Widerstandes hin. Es ist so wichtig, dass du die Wichtigkeit dessen, was dir geschieht, erkennst! Du befindest dich in den Armen der Gnade.

Irgendetwas hat sich daran gewöhnt, verborgen gehalten zu werden. Das Ego versucht gewöhnlich sich selbst zu schützen. Deine Annahme, dass du das Ego bist, hält dessen Existenz nur noch weiter aufrecht. Das geht soweit, dass du dich für das Opfer in deiner vom Verstand erschaffenen Geschichte hältst. Du wirst durch deine Neigungen versklavt, und diese halten das Sein als Geisel gefangen. Wer wird das Lösegeld bezahlen?

Ich sage dir, es ist jetzt der günstigste Zeitpunkt: ändere deine Haltung des Selbstmitleids um in eine Haltung großer Dankbarkeit dafür, dass du vom Leben auf so kraftvolle und heftige Weise aufgegriffen worden bist. Du bist im Maul des Tigers! Und bist du erst einmal im Maul des Tigers, dann kannst du nicht mehr entkommen. Wenn du im Maul eines Chihuahua wärst, würdest du eine Menge Ärger haben, aber im Maul des Tigers bist du als Person erledigt. Verstehst du? Welches Glück, im Maul des Tigers zu sein!

Ich spüre, wie diese Angst aufsteigt, wenn ich anfange, mich zu ergeben. Etwas sagt: „Ja, aber dann?“ und damit ist ein Gefühl von Angst verbunden.

Im Ergeben musst du die sich Ergebende mit einschließen. Wenn du das nicht tust, wird diejenige, die dabei ist, sich zu ergeben, fortfahren zu verhandeln. Sie wird sagen, „Wenn ich alles aufgeben würde, was würde mit mir geschehen?“

Diejenige, die verhandelt, die über das Aufgeben spricht, ist somit ein verblendeter Aspekt des Selbst als Ego. Sie ist nicht die Wahre. Wenn sie entlarvt und hinausgeworfen wird, dann wird das, was immer hier, aber scheinbar verborgen ist, sich selbst vollständig offenbaren.

In dem Augenblick, in dem das Feuer am heftigsten brennt, erinnere ich dich daran: Bleibe ruhig! Du bist dabei dich zu ergeben . . . mache damit weiter.

Die Gnade hat zugestimmt, sie ist dabei, alles zu verbrennen, was unwahr ist. Versuche nicht, etwas zu retten; nichts ist es wert, vor diesen grellen Flammen gerettet zu werden. Sei einfach offen. Versuche nicht, aus dem Feuer herauszukriechen, sei einfach im Feuer.

Ein wahres Wesen versteht die Schönheit und die Bedeutung dieser Äußerungen.

Schmerz existiert nur dann, wenn das Ego noch beschützt wird. Aber wenn du in deinem Herzen fühlst: „Ich muss davon frei werden. Genug Verhandlungen, genug Versprechungen, genug der Suche nach Anerkennung." Komm in dieses Feuer, sei völlig nackt. Geh noch über Nacktsein hinaus, sei völlig leer. Dann wird dich das Feuer auf das ewige Nichts-Sein reduzieren.

Sehr gut.

Der, den du siehst,
ist nur eine Erscheinung.

Der Eine, den du nicht siehst,
ist das Wirkliche.

Falle voll und ganz
in die Arme, die du fühlen,
aber nicht sehen kannst.

Vertraue der Gnade, die dich hierher gebracht hat

Wisse und vertraue darauf, dass die Gnade bereits in dir wirkt. Die Gnade hat dich hierher zum Satsang gebracht. Sprechen und Hören kommen und gehen durch die eine Quelle. Wenn Worte und Taten der Tiefe der Wahrheit entspringen, bringen sie eine Kraft mit sich, eine Autorität, die imstande ist, den Zuhörer mit Stille und Erkennen zu durchdringen. Sie fließen mit einer Frequenz, die sich von der des persönlichen Verstandes unterscheidet, einer Frequenz von totaler Klarheit.

Mooji, deine Gegenwärtigkeit und deine Worte scheinen meine Entschlossenheit zu stärken, mich in das Feuer zu begeben, das den persönlichen Verstand verbrennt, und dort auszuharren!

Ich verspreche dir gar nichts. Am besten wäre es, wenn irgendetwas Gesagtes und Gehörtes provokativ erscheinen würde, deine Aufmerksamkeit in Achtsamkeit umschlagen ließe oder sie auf das unbewegte Selbst lenkte. Noch einmal – der Impuls, sich in das Feuer der Selbstopferung zu begeben, sich auf dem Ghat, dem Feuerbestattungsplatz für das Ego, niederzulegen, ist ein Impuls, der aus der Gnade selbst entsteht.

Warum führt das Sein oder Gott gelegentlich solches Leiden herbei? Ist es so, dass wir es verdienen?

So ist es nicht. Leiden ermöglicht uns, auch für andere Wesen Mitleid und Mitgefühl zu empfinden. Es vertieft und erleichtert unser eigenes Sein, indem es den Schleim des Trivialen abwäscht und den Boden der Seele für höheres Verständnis vorbereitet.

Nimm eine Haltung von Dankbarkeit gegenüber allen Ausdrucksweisen des Lebens ein.

Es ist schwierig, seine wahre Bestimmung zu finden. Es scheint unmöglich, in jeder Situation zu wissen, welches der richtige Weg oder die richtige Reaktion ist.

Warum sich mit all dem belasten? Vergiss dich selbst und sei glücklich. Das Leben ist nicht nur eine persönliche Reise. Es ist nicht nur das Erfahren von materieller Existenz durch Identität, Projektion und Wünsche.

Soweit ich weiß, gibt es keine verlässlichen Gebrauchsanweisungen, um das Leben zu meistern. Erst wenn das Gefühl eines persönlichen, begrenzten Selbst mit dem universalen Sein verschmilzt, beginnt das wahre Leben und nicht vorher. Schon wenn man sein Gesicht dem Licht des Gewahrseins zuwendet, beginnt die Seele ein höheres und leichteres Gefühl des Daseins zu erfahren, wodurch sie ermutigt wird, weiterhin auf das totale Aufgehen im mühelosen Selbst hinzusteuern.

Wenn die Ego-Identität isoliert und herausgesiebt worden ist, entdeckst du, dass reine Kraft immer schon als Zeuge in dir präsent gewesen ist. Dann findest du, dass angemessene Reaktionen ohne einen persönlichen „Regisseur" spontan stattfinden.

Nur bei reinem Zuhören, wenn die Aufmerksamkeit auf das formlose Sein fixiert ist, werden das Erkennen unserer wahren Position als bildloser Zeuge, die intuitive Selbst-Kenntnis und unvergängliche Freude im Herzen verankert.

Ich möchte dem, was du sagst, wirklich Aufmerksamkeit schenken, Mooji, aber ehrlich gesagt, mein Verstand stellt sich gerade dumm!

Wenn man auf diese Weise intensive Untersuchungen anstellt, ist es nicht ungewöhnlich, dass der Verstand zu funktionieren aufhört. Doch du bist nicht der Verstand. Du bist derjenige, der dieses Gefühl von Zusammenziehen oder den nicht funktionierenden Verstand sowie die abschweifende Aufmerksamkeit beobachtet. An dieser Stelle schweift die Aufmerksamkeit leicht zu trivialen Dingen ab, weil das Ego sich stark bemüht, außerhalb der Sichtweite des tieferen Zeugen zu bleiben.

Bleibe eins mit dem, was beiläufig alle Erscheinungen als oberflächliche Sinneseindrücke erkennt, die im und als Verstand geschehen. Sei vor den Ablenkungsmanövern des Verstandes auf der Hut. Verweile als Gewahrsein – neutral und unberührt.

Die Wahrheit offenbart sich, wenn zum einen der Sucher, zum anderen das, wonach er sucht, und das Suchen an sich untersucht werden und dabei festgestellt wird, dass es nichts weiter ist als das Spiel und der Inhalt des Bewusstseins als Wachzustand.

Was ist die beste Art, die Zeit hier mit dir zu verbringen?

Das ist eine wunderbare Frage, die selten gestellt wird. Halte deinen Verstand im Herzen. Immer wenn und wohin auch immer die Aufmerksamkeit abschweift, bringe sie zum unwandelbaren Selbst zurück. Allmählich wird sie hier ohne Anstrengung bleiben können. Das ist die einzige Übung, die man machen muss.

Das wahre Selbst,
das neutral ist,
bedarf keiner Übung,
um zu sein,
was es Ist.

Das falsche Selbst oder Ego
bedarf vieler, vieler
Übungen,
um zu versuchen, das zu werden,
was es niemals sein kann

– Wahr.

Für den, der weiß, ereignet sich nichts

Hängt die Entdeckung unserer wahren Natur vom Schicksal ab oder ist unsere eigene Anstrengung gefragt?

Greife die Idee von einem Schicksal nicht auf, verwerfe sie. Es genügt zu sagen, dass Anstrengung, wenn sie sich natürlich anfühlt, vom Schicksal bestimmt war. Was der Körper-Verstand-Komplex durchleben muss, lässt sich nicht vermeiden.

Ungeheure Weisheit, Ordnung und Harmonie wirken durch und als das kosmische Spiel. Der entscheidende Punkt ist, die höchste und zeitlose Botschaft und die Hinweise zu begreifen, die enthüllen, dass du lediglich der formlose Zeuge bist, die unwandelbare Realität hinter dem sich bewegenden Verstand.

Du trittst als separate Wesenheit in Erscheinung, die auf Grund der Maya, der kosmischen Illusion, mit Willenskräften ausgestattet ist.

Maya ist die Kraft, die das Selbst dazu befähigt, das Aroma von sich als Existenz zu kosten und zu genießen. Dabei durchläuft es offensichtlich eine Art Reifeprozess, der nicht eine Eigenschaft des Absoluten ist, aber sehr wichtig ist, weil das Bewusstsein sich nicht wirklich erkennen kann, solange es die Reife des feinen Verstehens und die direkte Erfahrung der Wahrheit nicht hat.

Heute haben viele Menschen von der Advaita-Philosophie und von Zen-Lehren gehört und gelesen. Die Wahrheit jedoch, auf die sie hinweisen, bleibt häufig nur im Verstand oder Intellekt. Sie lösen ihre Identitäten nicht auf. Stattdessen fahren sie fort, mehr und mehr Wissen anzuhäufen. Sie geben oft Kommentare ab wie: „Niemand existiert, Meditation ist deshalb nutzlos, denn wer sollte meditieren?“ – „Glaube an Gott ist Aberglaube oder ein Zeichen von mentaler oder emotionaler Schwäche.“ – „Welchen Nutzen sollen all diese Rituale haben?“ Und so weiter...

Solch ein Zynismus ist wirklich Arroganz. Er zeigt, dass sie weit davon entfernt sind, wie Buddha zu sein, wie sie es von sich glauben. Wenn die Wahrheit nicht eine direkte Erfahrung ist, wird das Leben selbst über kurz oder lang Heucheleien aufdecken. Verbrenne das Ego im Feuer der Hingabe, bis der Stolz schließlich abgewaschen ist.

Der erwachte Geist respektiert ohne Bewertung oder Ablehnung alle Lebenswege, alle Formen von Hingabe, alle Religionen, sogar die fanatischen, wohl wissend, dass alle als Ausdruck aus der einen Quelle hervorgehen.

Was ist so liebenswert bei Ramakrishna und allen Heiligen und Weisen? Jeder einzelne von ihnen vermittelt durch sein Lehren und sein Leben diese Vielseitigkeit in den Betrachtungsweisen und im mitfühlenden Sein. Sie sind frei von Stolz und dem Gefühl, etwas Besonderes zu sein . . .

Mit Geschick und Mitgefühl passten sich ihre Lehren spontan dem Reifegrad und dem Temperament der Sucher an. Manchen empfahlen sie Gebet und Meditation, wenn das ihrer spirituellen Orientierung entsprach, oder bis sie reif genug waren, ihre wahre Natur auf direktem Wege zu erforschen.

Es gibt keinen Widerspruch oder Konflikt zwischen dem Weg der Liebe oder dem der Weisheit. Das Ziel und der Sinn von beiden sind gleich: die Ego-Identität und ihren Einfluss auf das Sein zu überwinden.

Das Gefühl des Reiferwerdens bleibt für die Dauer einer jeden wahrnehmbaren Lebenszeit bestehen, und das geschieht vor dem unwandelbaren Hintergrund des Absoluten.

Für den, der weiß, ereignet sich nichts. Doch auch nach dem Erwachen setzt sich das Gefühl von Vertiefung und Weiterentwicklung fort, und darin liegt eine Anmut und Schönheit.

Mache nicht den Fehler zu glauben, du hättest Gott überwunden oder die Dualität vernichtet. Solange noch ein „Du“ vorhanden ist, das solche Dinge behauptet, herrscht Ignoranz genau dort vor.

Bleibe einfach still. Lasse alle Überheblichkeit fallen. Wisse: Der hingegebene Verstand ist eins mit dem Kausalgesetz.

Hier im Satsang wird die Identität sozusagen
an die Kante einer Klippe
innerhalb des eigenen Seins
zurückgedrängt,
bis man an den Punkt kommt,
wo kein weiterer Schritt
mehr möglich ist.
Eine unfreiwillige Hingabe
offenbart einen Raum
ohne Begrenzungen,
wo Konzepte neutralisiert werden.
Hier gibt es keine Arroganz,
weder „Ich“ noch „Du“ noch „fremd“
gelten hier.
Hier durchbohrt nur der Schrei
eines Verrückten
„Eijieh-Jaah!“
den Solarplexus des Seins.
Ein solcher überwindet
die Vorherrschaft
des konzeptuellen Verstandes
und ist aus den Klauen des Egos befreit.
Die Verkörperung des reinen Seins
Ihn – nennen sie Bhagavan.

Werde vollständig nackt

Du bist Wahrheit. Die Wahrheit ist nicht ein spezielles Bündel von Konzepten, an die du zu glauben hast. Die Wahrheit ist kein Konzept, bei ihr enden alle Konzepte. Konzepte haben keine dauerhafte Gültigkeit. Es gibt etwas in dir, das absolut mühelos ist. Es muss nicht versuchen zu sein – es ist einfach. Bist du dir dessen bewusst?

Alle Gedanken, alle Emotionen, alle Konzepte und Ideen, die im Sein entstehen, sind nicht das, was du bist, weil du dir ihrer bewusst bist. Sie kommen und gehen. Das ist bereits eine Tatsache. Wir haben uns aber nicht intensiv damit auseinandergesetzt, weil uns im täglichen Leben nichts dazu treibt oder auffordert, in dieser Weise hinzuschauen. Gewöhnlich fragt dich im Zusammenhang einer konditionierten Interaktion niemand: „Also, wer bist du wirklich?“

Wenn diese Frage in dir aufsteigt, muss sich etwas von einer tieferen Ebene in dir gerührt haben. Etwas Unbegreifliches ist schon sehr lange Zeit in dir vorhanden und fängt nun an, zu dieser herrlichen Blume und diesem wunderbaren Duft zu erblühen.

Manche sagen: „Oh, Selbst-Erforschung ist so intellektuell . . . zu tiefgründig.“ Andere sagen: „Sie ist so kompliziert, so intensiv!“ Mache dir keinerlei Gedanken über die Selbst-Erforschung, sonst wird der Verstand diese Gedanken dazu benutzen, dich von der verheißungsvollen Fährte abzubringen. Vertraue der Selbst-Erforschung. Ich bitte dich darum.

Was auch immer du denken oder konstruieren kannst – alles, was nicht von Dauer ist – ist kurzlebig und ist nicht das WAHRE.

Folge nicht dem Augenblicklichen. Alles, was der Verstand hervorbringt, ist nur vorübergehend.

Die Uhr zeigt an, es ist jetzt fünf Uhr. Um fünf Uhr heute Morgen –welchen Gedanken hattest du da, welche Erfahrung hast du zu der Zeit gerade gemacht? Um fünf Uhr gestern – wie war da dein emotionaler Zustand? Vor 10 Minuten – welchen Gedanken hattest du da? Du kannst dich nicht an einen einzigen Gedanken erinnern! Das ist typisch für all das, was vorübergehend ist.

Lasse für einen Augenblick einmal alles beiseite, auch wenn es sich völlig unverantwortlich anfühlt, das zu tun. Klammere sogar das Bedürfnis zu kontrollieren einfach für einen Moment aus. Verbinde oder verknüpfe dich mit rein gar nichts, so dass du eindeutig einfach nur sein kannst. Sein ist keine Handlung, die du ausführst. Sein existiert schon, bevor der Gedanke auftaucht, zu sein. Du bist bereits. Jetzt kannst du es überprüfen und erkennen.

Stelle dir vor, du bist zu einer Untersuchung gekommen, bei der Körper, Seele und Geist vollständig untersucht werden. Dabei wird ein Gerät benutzt, das so hochentwickelt ist, dass es das alles messen kann.

Lass' uns damit beginnen, den Körper zu untersuchen. Jetzt überprüfen wir das Gewicht. Du musst alles, was nicht zu deinem Körper gehört, ablegen. Also musst du deinen Nasenring, deine Zahnfüllungen, deine Kontaktlinsen herausnehmen, ja, sie haben auch Gewicht! Deine Haarverlängerungen musst du ebenso herausnehmen. Du musst alles, was ursprünglich nicht zu dir gehört, entfernen, sogar den Schmutz unter deinen Fingernägeln, weil er nicht ursprünglich zu deinem Körper gehört. Jetzt stellen wir dich auf die Waage und messen dein genaues Gewicht. Dieser Teil der Übung ist jetzt beendet.

Jetzt wollen wir zum nächsten Schritt der Untersuchung übergehen: Seele und Geist. Lass' uns für einen Augenblick alle Dinge ablegen, die nicht zu dir gehören, alle Gedanken, die nicht ursprünglich deine sind. Lass' uns mit all deinen Konzepten beginnen: was du gelernt hast, an was du glaubst, was du dir vorstellst, alle Bilder die du in deinem Verstand angesammelt hast; alle Erinnerungen, die nach deinem ursprünglichen Sein entstanden sind und nicht zusammen mit ihm.

Wir müssen dein ursprüngliches Sein wiegen, was bei Null angefangen hat. Deshalb muss alles, was erworben wurde, beiseite gelassen werden. Wir werden alle diese Dinge wegnehmen – nur für einen Augenblick, um dich ganz und gar so zu wiegen, wie du bist, ohne dass dir etwas anhaftet. Auch alle deine Projektionen, deine schönen Träume, deine Erinnerungen müssen wir wegnehmen. Na los, lege alles, aber auch alles ab!

Schließlich auch noch dein „Ich-Selbst", oh dieses wertvolle „Ich", es gehört auch ursprünglich nicht zu dir. Lasse uns das auch mit einschließen. Beseitige es. Jetzt bist du lediglich so, wie du zu Beginn warst, ohne irgendeine Ergänzung. In diesem Moment ist dein Bewusstsein rein. Ich danke dir so sehr... puuh!

Sehr gut. Wir sind wieder beim Nullpunkt – du bist leer.

Lass' uns jetzt zum Geist gehen, wo ist er? Was gibt es dort zu beseitigen? Was gibt es dort zu säubern? Alle deine Ansichten sind bereits bereinigt worden. Alle deine Ideen sind jetzt entfernt. Du bist ganz frisch! Was hast du von diesem Platz aus zu sagen? Gibt es irgendwelche Beschwerden? Behältst du noch irgendetwas, das du hättest übergeben sollen? Wer bist du ohne deine Ansichten?

Fühle dein Sein. Fühle das, was bleibt, wie es ist, wie es immer war. Du bist von allem leer, durch nichts gebunden. Die Identität war ein bisschen kompliziert, jetzt ist sie aber spurlos verschwunden. Nun kannst du sehen, dass du deine Sinne nicht unterdrücken musst; sie funktionieren selbstverständlich, weil sie ursprünglich zu diesem Körper gehören. Alle Geräusche – der Hauch des Windes – alles ist vorübergehend, aber es wird keine Geschichte daraus, kein Eigentum, kein Wunsch.

Alles ist frisch, alle deine Wahrnehmungen sind frisch. Das ist wie auf Wasser schreiben, eine Minute später kannst du es nicht mehr lesen. Es gibt keine Seiten umzuschlagen – so frisch! Tut das weh? Ist es eine Enttäuschung?

Vielleicht taucht der Gedanke auf, „Als Übung ist es ja ganz schön, aber wie kann jemand so sein Leben leben?" Aber das ist nur ein

Gedanke, den du nicht akzeptieren musst. Sieh', wie du Gedanken wahrnehmen kannst, ohne dass du an ihnen festhalten oder dich mit ihnen identifizieren musst. Nichts ist von der Fähigkeit, in vollem Umfang wahrnehmen zu können, abhanden gekommen. Die Wahrnehmung ist rein und klar. Du hast den vollständigen Zugang und völlige Freiheit, Wahrnehmungen und tiefe Erfahrungen zu machen ohne das Bedürfnis, dich an irgendein Konzept klammern zu müssen.

Angst scheint alles zu durchdringen, obwohl ich mir auch des Raumes in mir bewusst bin, wo ich deine Worte bestätigen kann.

Es können Ängste hochkommen, „Oh mein Gott! Nein, nein, nein, ich möchte nicht verschwinden. Ich bin nicht bereit für eine so große Veränderung.“ Schau' dir an, um was es sich da handelt. Schau' dir denjenigen an, der dies empfindet, und erkenne, dass es sich bei demjenigen auch nur um einen Gedanken handelt, eine Empfindung, die darauf wartet, als Wahrheit anerkannt zu werden. Registriere dies nicht als real, und es wird in die Stille zurückkehren.

Beseitige durch diese Innenschau in ähnlicher Weise auch alle anderen Ängste. Gib alle diese Ängste und Konzepte ohne Vorbehalt ab. Nach dieser Übung kannst du sie wieder zurückbekommen, wenn du willst, aber gebe sie für diesen Augenblick komplett ab.

Atme tief ein, fühle dein Sein in seiner Leere. Fehlt etwas? Hast du Schmerzen? Leidest du? Was wirst du von hier aus sagen, von diesem Ort aus?

In ein paar Minuten kannst du deinen ganzen Kram zurückhaben – wenn du ihn unbedingt zurückbekommen möchtest. Aber bis dahin genieße es, ohne Verstand zu sein. Sei geschlechtslos, glaubenslos, geschichtslos, konzeptfrei. Genieße dein Selbst als zeitlose Gegenwärtigkeit, als „Ich bin Das Ich Bin“. Du bist nicht das Produkt einer ausgeführten Handlung oder einer getroffenen Entscheidung, du bist einfach die unermessliche Istheit.

Wo hört das Sein auf? Wo ist die Grenze des Seins, hinter der es nur Nicht-Sein gibt? Ich sehe jetzt dieses unvergängliche Licht reiner Gegenwärtigkeit in euch allen scheinen. Schau und überzeuge dich selbst von dem Licht, das in dir wohnt und von innen scheint, das hell strahlt, wenn das Selbst sich in sich selbst „mariniert". Das ist der Zustand, in dem der Weise sich als Existenz an sich erlebt. Hier wird auf das Geheimnis deiner eigenen Buddha-Natur hingewiesen, auf das Geheimnis, das du finden musst – ein Mysterium, das du entschlüsseln musst, wo „Ich" und „Du" Eins sind.

Letztendlich wird der letzte Schritt nicht getan, sondern durch Innenschau offenbart: Das, worin das Sein selbst wahrgenommen wird, liegt jenseits aller Anhaltspunkte. Nenne es das ungeborene Gewahrsein – das Absolute.

Ich – bin Das.

Es wird eine Zeit kommen,
in der für dich keine Fragen
mehr auftauchen
und es keiner Antworten mehr bedarf.
Nur das Licht reinen Gewahrseins,
ungebundener Liebe und Weisheit
wird in dir scheinen.
Keine Zweifel mehr,
weder Dualität noch Sehnsucht
– ein Zeitpunkt,
diesem Augenblick
nicht unähnlich.

Abschließende Worte

Liebster, sei still und erkenne die Herrlichkeit der Intuition – „Ich Bin“. Ich bin eins mit dir als Zeuge und bewusste Gegenwärtigkeit, zeitlos und unveränderlich. Erkenne dein eigenes wahres SELBST und sei glücklich. Wir sind nicht unsere Gedanken, Emotionen, Erinnerungen oder Konditionierungen, sondern formloses SEIN, sich ewig verändernd – und dennoch unwandelbar.

Sei eins mit dem stillen Raum jenseits des sich bewegenden Verstandes. Sei eins mit DEM, worin dieser grandiose Tanz der Manifestation wahrgenommen wird. Dies zu erkennen und zu sein, bringt den Verstand zur Ruhe.

Sei bereit, dem Reiz, Geschichten zu erzählen und aus der Illusion entstandene Meinungen und Projektionen mitzuteilen, nicht nachzugehen und dies hinter dir zu lassen. Dies ist nämlich nur das Ergebnis der Identifikation mit der unwahren Vorstellung vom Selbst. Beobachte die ununterbrochene Stille, aus der alles entspringt. Erkenne dich selbst als eigenschaftsloses Sein und sei glücklich.

Sei still und erkenne die „Ich bin“-Gegenwärtigkeit, die rein und unberührt ist. Verweile in der Gegenwärtigkeit als die Gegenwärtigkeit selbst. Beobachte, dass diese bewusste Gegenwärtigkeit weder der Verstand ist, noch in der Funktion des Verstandes gefangen ist. Sie hat kein Geschlecht, keine Konditionierung oder Identität. Sie ist das beobachtende Prinzip, das im Herzen eines jeden empfindsamen Wesens wohnt. Sie ist frei von Furcht und ist ohne Bewertung und Wunsch. Dieses Seiende ist unser dynamisches Selbst – das „Kind“ des Absoluten Gewahrseins.

Wir sind die beständige und unwandelbare Gegenwärtigkeit hinter allen Phänomenen. Gib nicht länger den launenhaften Neigungen des Ego-Verstandes nach, sich in sinnlosem Geschwätz zu verlieren. Sie mögen derzeit ganz harmlos erscheinen, sie verblöden aber allmählich den Geist und führen zu einer Zunahme von innerem Lärm und Rastlosigkeit, die dann das friedvolle Sein zu tyrannisieren scheinen.

Lass dich noch einmal erinnern: Dämpfe die Macht der verborgenen Neigungen, indem du immer wieder dem Drang widerstehst, dich dem Fluss des Verstandes und den nostalgischen oder sentimentalen Verhaltensweisen und Gewohnheiten zu überlassen. So werden sich der Verstand und die Aufmerksamkeit nach und nach daran gewöhnen, im Herz-Zentrum verankert zu sein. Das ist wahres Sadhana, deine wahre Arbeit. Das allein führt zu ununterbrochener Stille und Harmonie des Verstandes und des Seins – dem wahren Ziel und Sinn einer bewussten und intelligenten Existenz. Das ist ehrenwertes Leben – jenseits des Konzeptes von ehrenwertem Leben. Das ist wahre Selbst-Ehrung und wahrer Selbst-Respekt.

Wenn sich das Bewusstsein mit dem Körper-Geist-Komplex identifiziert, ist das Resultat Egoismus, die Wurzel und der Grund allen Leidens. Das Ego ist der Makel, der am schwierigsten zu entfernen ist. Es kann aber durch die Erforschung der Natur unseres wahren Selbst überwunden werden.

Du bist der Zeuge des Egos, deshalb bist du jenseits davon. Sei ebenso hartnäckig, wie der Verstand zu sein scheint. Wenn du schließlich das unwandelbare Eine realisierst, wird das Ego verschwinden. Bis dahin sei fest entschlossen, diesen Drachen zu erlegen. Er wird durch Gebete, durch Hingabe und Ergebenheit erlegt – und er wird mit dem Schwert der Selbst-Erforschung zur Strecke gebracht.

Das illusorische „Ich“ kann dem prüfenden Blick und der Kraft der Selbst-Erforschung nicht standhalten. Gib keinem Gefühl dem Ego gegenüber nach. Hör auf, dich mit dem zu identifizieren und das zu unterstützen, was deine Spontaneität, deinen Frieden erstickt.

Stell dich felsenfest auf die Seite der Wahrheit. Halte die Aufmerksamkeit im Herzen. Halte auch bei Widerstand und Unbehagen durch, mit denen du vielleicht in ähnlicher Weise zu tun hattest, als du mit der Selbst-Erforschung begonnen hast. Genauso wird dein Ego-Gefühl, das durch den Sauerstoff deiner Aufmerksamkeit, deines Interesses und deines Glaubens gedeiht, allmählich ausgelöscht.

Vertraue auf meine Worte, wenn ich sage, dass du schon frei bist. Mache sie dir zu eigen, als ob du bereits wüsstest, dass sie wahr sind. Lebe dein Leben wie einen lebendigen Satsang in beständiger Haltung und Anwendung von Selbst-Erforschung und Hingabe an die Wahrheit. Vermeide Sturheit, Stolz, Widerstand und Zynismus, die dich nur aufhalten, oder gib sie auf. Indem du das Falsche erkennst, brauchst du nach dem Wahren nicht zu suchen, da das Falsche vom Hintergrund des Wahren aus gesehen wird. Sei demütig, Demut ist Weisheit. Es ist weise, Hilfe zu suchen, bis du die Notwendigkeit von Hilfe hinter dir lässt. Der Samen wachsender Einsicht und tieferen Verstehens, der zu vollständigem Frieden führt, keimt bereits in deinem Herzen. Vertraue darauf.

Gewahrsein ist nicht das Ergebnis eines mühsamen Prozesses, weil das Gewahrsein bereits das ist, worin jegliche Mühe beobachtet wird. Wie wahr ist doch der bekannte Spruch: „Was du suchst, ist bereits das, was sucht.“ Du bist die Wahrheit. Du bist das, worin sich das Universum manifestiert – reines GEWAHRSEIN.

Selbst-Erforschung ist der Spiegel, in dem das Zeitlose erkannt werden kann und zeitlos widergespiegelt wird. Du bist DAS! Sich dem inneren Guru, dem Herrn aller Schöpfung zu ergeben, ist eine weitere Möglichkeit, diese Wahrheit im Herzen zu erkennen. Wir sind stets eins als Wahrheit und Liebe. Wir sind die Einheit des SEINS in seinem Tanz als Existenz. Die Romanze des SELBST mit dem SELBST und die Erforschung des eigenen Ursprunges stellen den Tanz dar, der Satsang genannt wird.

Satsang hat kein Ende, doch paradoxerweise mündet er in vollkommenem Sehen, wobei man erkennt, dass die eigene Natur eine Einheit mit dem HÖCHSTEN SEIN bildet. Das Wissen darum erlaubt dir, als die Wellen des dynamischen Lebens getanzt zu werden, wohl wissend, dass du jenseits davon bist.

Es ist mein großes Glück und Privileg, diese liebliche Botschaft aus meinem Inneren zu verkünden und auf diese Weise mit dir zu teilen.

Es ist mir eine Freude, Zeuge dieses Spiels des Aufwachens zum Göttlichen und Zeitlosen zu sein, welches unser eigenes SELBST ist. Obwohl wir sagen, die Sonne geht auf und unter, bewegt die Sonne sich nicht; es ist in Wirklichkeit die Erde, die sich von der Sonne abwendet. Ebenso wenig bewegt sich oder verschwindet das wahre Selbst, da es unendlich ist und unendlich gegenwärtig. Es ist der „Erd-Verstand“, der sich vom „Sonnen-Herz“ abwendet.

Richte deine Aufmerksamkeit deshalb auf das, was vor der Aufmerksamkeit ist und worin Aufmerksamkeit und Unaufmerksamkeit wahrgenommen werden und was jenseits von beidem ist.

Ich habe kein Interesse daran, dir irgendein theoretisches Wissen zu vermitteln, mag es noch so hervorragend sein, oder wundervolle Erfahrungen oder Satsang-Nostalgie bei dir auszulösen.

Es genügt, wenn du mit Klarheit und Überzeugung zu der unwandelbaren Wahrheit erwachst, die du bereits bist.

In der Erkenntnis
der Stille, Freude und Liebe,
die der Duft
deines eigenen reinen Herzens sind,

bleibe still…

Verweile hier.
Hier ist alles was da ist.
Sei glücklich.
In liebendem Einssein

— Mooji

Die verlorene kleine Welle

Es war einmal eine kleine Welle, die müde und ruhelos geworden war; sie war erschöpft von all dem Hin und Her zwischen Horizont und Küste. Eines Tages hörte sie von einem ‚Großen Ozean', wo es kein rastloses Umherwandern auf Grund der Gezeiten geben sollte und wo alles ruhig und voller Liebe wäre. Es entstand der große Wunsch in ihr, diesen friedvollen Platz zu finden – aber sie wusste nicht, wo sie anfangen sollte.

„Kennt ihr den Weg zum ‚Großen Ozean'?", fragte sie andere Wellen, denen sie begegnete.

Eine ältere Welle, die schwer mit Seetang belastet war, erzählte ihr: „Ich habe von diesem Ozean gehört, aber er ist sehr weit weg, und es würde viele Leben dauern, ihn zu erreichen."

Eine andere Welle gluckste: „Ich habe gehört, wenn wir freundliche und sanfte Wellen sind und unser Leben auf sehr, sehr gute Weise leben, dass dann der ‚Große Ozean' der Ort sein wird, wo wir uns wiederfinden, wenn wir sterben."

„Ihr täuscht euch, es gibt so etwas wie diesen Ozean gar nicht", fügte zynisch eine andere wirbelnde Welle hinzu.

„Komm' mit mir!", rief ihr eine neue Welle mit einer freundlichen Stimme zu. „Ich kenne eine weise Welle, die tatsächlich beim ‚Großen Ozean' war und ihn gut kennt. Ich will dich mit ihr bekannt machen." So machten sie sich auf den Weg.

Als sie loszogen, bemerkte eine andere Welle mürrisch: „Verrückte Kinder! Wozu diese Energieverschwendung, um irgendeinen sagenumwobenen Ort zu suchen? Warum sich nicht damit zufrieden geben, was wir haben?"

Bald kamen sie dort an, wo sich die weise Welle aufhielt.

„Bitte, weise Welle, könntest du mir den ‚Großen Ozean' zeigen?", flehte die kleine Welle.

Die weise Welle fing an zu lachen – mit tiefen, warmen Böen, die Spritzer auf der Oberfläche des Wassers hüpfen ließen. „Was stellst du dir unter dem ‚Großen Ozean' vor, mein Kind?"

„Ich habe gehört, dass es ein wundervoller Ort ist, voller Schönheit und Freude, dass es dort Liebe und ewigen Frieden gibt", erwiderte zitternd die kleine Welle.

Die weise Welle lachte noch mehr. „Du suchst nach diesem ‚Großen Ozean', kleine Freundin, aber du bist selbst der ‚Ozean'! Wie lustig, dass du dir dessen nicht bewusst bist!"

Das brachte die kleine Welle noch mehr durcheinander und machte sie ein wenig ärgerlich. „Wie kann das sein? Ich sehe keinen ‚Ozean'. Alles, was ich sehe, sind Wellen, Wellen und noch mal Wellen!"

„Das ist deshalb so, weil du glaubst, dass du eine Welle bist", erwiderte lächelnd die weise Welle.

Als die kleine Welle das hörte, spritzte sie frustriert gegen einen nahen Felsen. „Ich versteh' überhaupt nichts von dem, was du sagst! Kannst du mir den ‚Großen Ozean' zeigen oder nicht?", drängte sie ungeduldig.

„Okay, okay, entschlossene, kleine Freundin", sagte die weise Welle, „aber bevor ich das tue – könntest du bitte hinuntertauchen und meine schmerzenden Füße massieren?"

Die kleine Welle tauchte unter... und löste sich als Welle auf.

In diesem Augenblick erkannte sie, dass der ‚Große Ozean' nicht verschieden von ihr war, dass sie tatsächlich selbst der ‚Große Ozean' war – dass sie einfach nur geträumt hatte, eine einzelne Welle zu sein!

Weil sie dies erkannt hatte, fand sie großen Gefallen an dem Spiel, als diese und jene Welle zu tanzen – in endloser, unbändiger Freude.

Glossar

Advaita: Nicht-dual, nicht zwei. Advaita wird auch als Nicht-Dualismus bezeichnet, der besagt, dass die gewöhnliche Wahrnehmung von einem selbst und der Welt das täuschende Produkt einer ich-bezogenen Wahrnehmungsform ist und dass in Wahrheit nur ein allumfassendes göttliches Bewusstsein fortwährend existiert, worin alles andere nur vorübergehend in Erscheinung tritt.

Baba: Vater. Gurus werden gelegentlich von ihren Schülern liebevoll mit Baba angeredet.

Bhagavan: Der Erhabene, Name für Gott, ehrerbietige und respektvolle Anrede für große Weise wie beispielsweise Sri Ramana Maharshi

Bhajans: Eine Ausdrucksform der Hingabe. Von Musik- und Schlaginstrumenten begleitete Gesänge über die verschiedenen Namen und Aspekte Gottes, die zur Verehrung und zum Lob Gottes in vielen Wiederholungen gesungen werden.

Bhakti: Die Liebe und Hingabe, die der Verehrer gegenüber dem Guru oder Gott empfindet. Spirituelle Haltung, dem Guru oder Gott zu dienen, was dem Sucher hilft, seinen Geist zu reinigen.

Darshan: Sehen einer heiligen Persönlichkeit, Segnung durch die physische Anwesenheit und Gnade des Guru

Ghat: Breite Treppe, die zu einem heiligen Fluss hinabführt, Platz für Gebete und Kontemplation, in manchen indischen Städte auch Verbrennungsplatz

Guru: Vertreiber der Dunkelheit, also der Unwissenheit. Ein erleuchteter spiritueller Lehrer oder Meister, der das Ego auflöst, indem er Suchern dabei hilft, ins Innere zu tauchen und das wahre Selbst zu erkennen.

Hadith: Islamische Aussprüche und Texte von großen Propheten, Kommentare, Auslegungen und Ergänzungen zum Koran

Herz: Es handelt sich hier weder um das physische Herz, noch um das Zentrum von Gefühlen. Der Bergriff steht als Synonym für das Höchste Selbst.

Jnana: Höheres Wissen, das dem Sein gleichgesetzt ist und deshalb nicht auf Gedanken und Konzepten beruht, sondern einzig der Erfahrung der einen, wahren Realität entspringt.

Jnani: ein Weiser, ein Meister des Jnana-Yoga, der die Einheit allen Seins erfahren hat und seine wahre Natur als das absolute SELBST jenseits des Bewusstseins versteht.

Karma: Kosmisches Gesetz von Ursache und Wirkung

Lila (Leela): Göttliches Spiel, göttliches Vergnügen

Mantra: Wortfolge oder Namen einer Gottheit, deren laute oder gedankliche Wiederholung das Denken läutert, die Konzentration fördert und schließlich bei ständiger Ausübung den Geist ins wahre SELBST sinken läßt

Maya: Kosmische Täuschung, das verhüllende Prinzip und die Kraft, die das Eine als Vielheit, das Absolute als das Relative erscheinen lässt, Illusion getrennter Wesenheiten

Nisargadatta Maharaj: 1897–1981 in Mumbai (Indien), hochgeschätzter Erwachter und Meister des Advaita Vedanta, sein bekanntester Schüler: Ramesh Balsekar

Papaji: Sri Harilal Poonja, 1910–1997 in Lakhnau (Indien), Erwachter und Meister des Advaita Vedanta, selbst Schüler von Ramana Maharshi, Meister von Mooji

Pondicherry: Von den Franzosen gegründete Stadt an der Südostküste Indiens, nicht weit entfernt vom heiligen Berg Arunachala.

Pranayama: Yogische Atemtechniken zur Beruhigung des Geistes und Reinigung des Körpers

Prasad: Bezeichnung für Gott geopferte Nahrungsmittel

Rajas: Eine der drei energetischen Eigenschaften des menschlichen Geistes. Die Neigungen eines rajasischen Geistes werden als äußerst aktiv, wechselhaft und leidenschaftlich beschrieben. Siehe auch Sattva und Tamas.

Ramakrishna: 1836–1886, bedeutender indischer Mystiker, dessen wichtigster Schüler Vivekananda war, der Vedanta Anfang des letzten Jahrhunderts in den Westen gebracht hat.

Ramana Maharshi: 1879–1950, weltweit hochgeschätzter indischer Weiser, der einen Teil seines Lebens schweigend verbrachte und in seiner zweiten Lebenshälfte Selbst-Erkenntnis, das Erfahren der Nichtdualität durch Selbst-Erforschung („Wer bin ich?“) lehrte. Sein heute vielbesuchter

Ashram liegt am heiligen Berg Arunachala in Südindien. Viele Advaita-Lehrer weltweit beziehen sich auf ihn.

Sadhana: Meditation; spirituelle Praktiken zur Überwindung des Egos

Satguru: Der wahre, höchste spirituelle Lehrer, der mit dem göttlichen Bewusstsein vollkommen eins ist. Außerdem der innere Guru, das wahre Selbst, das Unpersönliche, das Absolute.

Samsara: Der endlose Kreislauf von Geburt und Tod, in dem der Mensch bleibt, solange er sich mit dem Körper, dem Verstand und dem Handeln identifiziert und seine wahre göttliche Realität nicht erkennt.

Sangha: Spirituelle Gemeinschaft. Zu ihr gehören sowohl der Lehrer als auch die spirituellen Weggefährten.

Satsang: sat: Die Wahrheit, das absolute Sein – sangha: Gemeinschaft (siehe oben), Zusammenkunft von Menschen, die nach der Wahrheit streben.

Sattva: Eine der drei energetischen Eigenschaften des menschlichen Geistes. Die Neigungen des sattvischen Geistes werden als rein, mitfühlend, barmherzig und der Wahrheit zugewandt beschrieben.
Siehe auch Rajas und Tamas.

Sri: Respektvolle Anrede für Gottheiten, Weise und Gurus

Tamas: Eine der drei energetischen Eigenschaften des menschlichen Geistes. Die Neigungen des tamasischen Geistes werden als starke Identifikation mit dem Körper, Widerstand, Trägheit und fehlende Sensibilität beschrieben. Siehe auch Sattva und Rajas.

Vipassana-Meditation: Eine der ältesten Meditationsformen Indiens, von Buddha wiederentdeckt und gelehrt. Vipassana ermöglicht, Läuterung des Geistes durch Selbstbeobachtung zu erreichen.

Yogini: Eine Meisterin des Yoga, die durch ihre Praxis tiefe Einsicht in das Höchste Selbst erlangt hat.

Danksagung

Von Anfang bis Ende fühlten wir uns gänzlich von Gnade umgeben und geehrt, Zeuge des Entstehens dieser Ausgabe unter Moojis unmittelbarer Anleitung und Betreuung zu sein. Wir vertrauen darauf, dass die Worte in diesem Buch den Duft der Freude, des Lachens und der Liebe tragen werden, den alle kennen, die das Privileg haben, das Leben und Werk unseres Meisters aus unmittelbarer Nähe erleben zu dürfen.

HERAUSGEBER DER ERSTEN ORIGINALAUSGABE:
Nataraaj, Priya, Sharon Hogan

ÜBERTRAGUNG DER AUFNAHMEN DER ERSTEN ORIGINALAUSGABE:
Shanti, Tania Gerich, Tara

GESTALTUNG:
GangaMa, Nataraaj, Rose, Sivaganga

ÜBERTRAGUNG DER AUFNAHMEN DES NEUEN MATERIALS:
Mukti, Niraja, Sumantra

ÜBERARBEITUNG DER ENGLISCHEN NIEDERSCHRIFTEN:
Neti Read, Pam Pam, Shobha, SadhuOm, Satya, Sumantra

ÜBERTRAGUNG INS DEUTSCHE:
Elisabeth Birkholz, Hajo Paulsen, Verena Moser und Zenji

FOTOGRAFEN:
Monica Onore, Tom Shade und alle anderen Fotografen der Mooji Sangha

BESONDEREN DANK AN:
das Aufnahme- und Helferteam der Mooji Sangha

In Liebe,
Mooji Media

Über Mooji

Mooji (Anthony Paul Moo-Young) ist ein Schüler des großen Advaita Meisters Sri H.W.L. Poonja oder Papaji, wie er liebevoll von seinen Anhängern genannt wird. Mooji wurde am 29. Januar 1954 in Port Antonio, Jamaica, geboren. Im Jahr 1969 übersiedelte er nach England und lebte 40 Jahre lang in Brixton, London.

Hier wurde Mooji die Gnade zu Teil, einen christlichen Mystiker zu treffen, was ihn dazu veranlasste, „aus seinem Leben herauszutreten", ein Ausdruck, den er benutzt, um die tiefe Bedeutung, die dieses Treffen für ihn hatte, deutlich zu machen. Von da an hatte er kein Gefühl mehr einer persönlichen Autonomie. In seinen eigenen Worten: „Ich hatte das Gefühl, auf Gottes Schoß zu sitzen. Ein tiefer Friede und ein tiefes Vertrauen in das Höchste entstanden in meinem Herzen und sind bis zum heutigen Tag geblieben."

Fasziniert von der großen Veränderung in seiner Wahrnehmung und auf Grund des Wunsches, ganz in der Wahrheit aufzugehen, entdeckte Mooji die Lehren des großen indischen Heiligen Sri Ramakrishna, dessen Äußerungen sein Herz zutiefst zufriedenstellten. Diese Verbindung veranlasste Mooji nach Indien zu reisen, wo er scheinbar zufällig seinen lebenden Meister, Papaji, treffen sollte. Zu Füßen Papajis wurde dem, was noch von einem funktionierenden Ego übriggeblieben war, endgültig jegliche Grundlage entzogen.

Sucher aus den verschiedensten Teilen der Welt erkannten Moojis Ausstrahlung und begannen, auf der Suche nach der direkten Erfahrung der Wahrheit mit ihm Kontakt aufzunehmen. Die Fähigkeit, sie anzuleiten, entstand ganz von selbst in Mooji.

Obwohl seine Gegenwart auch eine Qualität von Hingabe ausstrahlt, sind die Worte, die seinem Wesen entspringen, non-dualistischer Natur.

Seine Anleitung erweckt Liebe und direkte Erkenntnis des zeitlosen Selbst, das wir sind.

Moojis unerbittliches Hinweisen auf die Wahrheit durch die Methode der Selbst-Erforschung bildet die Essenz dieses Buches.

Mooji widmet sein Leben vorbehaltlos dem Ruf des Herzens. Das ist es auch, was „Monte Sahaja“ entstehen ließ, einen Ashram und ein Retreat-Zentrum, das im Süden von Portugal gebaut wird. Wie Mooji selbst erklärt: „Ich wurde von einer unsichtbaren Gegenwart dazu veranlasst, zu diesem Stück Land zu kommen, damit Sucher den wahren ‚Landes-Herren‘* in ihrem eigenen Herzen treffen können.“

* Wortspiel mit dem englischen Begriff „landlord“, im Deutschen „Grundherr“, der sich aus den Worten „land“, auf Deutsch „Land“, und „Lord“, auf Deutsch „Herr, Gott“ zusammensetzt.

Als Mooji
seinem Meister Papaji begegnete,
sagte der Meister:

„Wenn du
die Wahrheit
entdecken möchtest, musst ‚Du‘
verschwinden.“

Jetzt sagt
Mooji dir:

„Wenn
‚Du‘
verschwindest,
ist die Wahrheit alles,
was übrigbleibt.“

Weitere Informationen zu Moojis Arbeit
und Veranstaltungen:

www.mooji.org

Informationen über Moojis andere Bücher
„Writing on Water",
„Atem des Absoluten",
Aufnahmen von Satsangs,
als CDs oder DVDs:

www.mooji.org/shop

***

Mooji ist auch auf YouTube:
www.youtube.com/moojiji

***

Mooji-Videos mit deutschen Untertiteln:
www.youtube.com/moojigerman

***

Mooji Media:
www.moojimedia.com

Bevor Ich Bin

ॐ